Erz##hlungen zum Troste ungl##cklicher Menschen.

Peter P. Wolf

B: L:

P. o. gesin.

16³7

Erzählungen

zum
Troste
unglücklicher
Menschen

von

Peter Philipp Wolf.

Dem Herrn Karl von Eckartshausen
zugeeignet.

München,
bey Joseph von Cräz. 1784.

Dem

geheimen Archivar und Hofrath

Karl

von

Eckartshausen

gewidmet

von

dem Verfasser.

Eure Gnaden!

Der ehrenvolle Beyfall, mit welchem das Publikum die edlen Zeugnisse Dero menschenfreundlichen Gesinnungen und die reifen Früchte Dero Bemühungen aufnimmt, hat mich zu dem kühnen Entschluß gebracht, Ew. G. gegenwärtige Erzählungen zu widmen. Ich wünschte Dero Beyfall wenigstens in Rücksicht meiner Denkungsart zu erhalten, ob ich denselben gleich, in Ansehung meiner Unvollkommenheiten und Mängel, nie verdienen werde.

A 3   Dieß

Dieß war auch immer mein lebhaftester Wunsch, für Unglückliche schreiben zu können. Man macht so kostbare Anstalten, die Glücklichen zu belustigen; und den Betrübten ihren Kummer zu benehmen, wird so wenig Eifer, so wenig Thätigkeit angewendet.

Ew. Gnaden waren der erste Schriftsteller meines Vaterlandes, der die Sprache des Herzens mit so vielem Nachdrucke und so gutem Erfolge reden konnte. Und verdienen Dero Bemühungen schon darum den wärmsten Dank, weil sie die unmittelbare Absicht haben, die Rechte der Menschheit gegen alle Beleidigungen in Schutz zu nehmen, die Sache der Unglücklichen als einen würdigen Ge-

gen=

genstand Dero Pflicht zu betrachten, dem Verachteten zum Ansehen, und dem Schwachen zu Kräften zu verhelfen. Was kann ein Schriftsteller wohl Rühmlichers leisten?

Gleiche Absichten bewogen mich, diese Erzählungen dem Publikum mitzutheilen: und da ich Ew. Gnaden als den ersten Wohlthäter der Unglücklichen zu kennen die Ehre habe: so war ich der Meynung, keinen würdigern Beförderer zum Schutz meiner Schrift finden zu können. Vielleicht würden mir Andre den Beruf, reden zu dürfen, streitig machen. Allein der Billige findet das Gute allemal gut, und das Schlechte allemal schlecht, es mag nun von einem Greisen oder einem Jüngling gesagt oder geschrieben seyn.

Ich

Ich entschuldige mich nicht weiter,
und habe die Ehre mit vollkommenster
Hochachtung und Ehrfurcht zu seyn

Euer Gnaden

München, 1784.

gehorsamster Diener

Peter Philipp Wolf.

Zum Trost der Unglücklichen zu schreiben,
ist eben keine unnütze Beschäftigung; und
ich bin, für alle meine Bemühungen zur Ge-
nüge, belohnt, wenn ich meine gute Absicht,
die Gemüther der Unglücklichen auf eine
angenehme Art, zu unterhalten, erreichen
werde.

Wenn gegenwärtige Erzählungen gleich
kein andres Verdienst, als die Redlichkeit

meiner

meiner Gesinnungen, aufzuweisen haben:
so bin ich doch damit zufrieden, und ich lasse
mir keineswegs von denjenigen, welche mir
vielleicht aus guten Gründen alle Geschick=
lichkeit zur Authorschaft absprechen, den
Muth zu ferneren Bemühungen dieser Art
benehmen.

Es ist wahr, Ismäne! Jugend kann mich
zu vielen Irrthümern verleiten, und der
Mangel weitschichtiger Erfahrungen setzt
mich oft, ich muß es gestehen, in eine sehr
große Verlegenheit, wenn von Dingen die
Rede ist, welche tiefe Kenntnisse voraussetzen.
Allein ich werde mich auch hüten, mir die
Miene eines Gelehrten zu geben, ob ich gleich
aus Erfahrungen weis, daß man auch oft
mit wenig Verstand und mit einer geläufi=
gen Zunge die Bewunderung der Gesell=
schaften auf sich ziehen kann.

Das Ziel, wo wir weise werden, ist nun
einmal auf einem gewissen Punkte festgesetzt,
und

und ich glaube, daß man diesen Nutzen werde
chen könne, ohne in unserm Lauſe voll tau-
ſend Schwachheiten und Thorheiten aufge-
halten zu werden. Dieſes iſt nun Ʒmal
die Ordnung der Natur. Wer kann tugendhaft werden, ohne von dem Laſter geprüft zu ſeyn? . . . .
. . . .
hat es ein Ende.

Mein Wunſch iſt, daß diejenigen, die
ſich die Aufklärer meines Vaterlandes nen-
nen, die Gewogenheit haben möchten, über
mich und meine Arbeiten lieber zu ſchweigen,
als mich durch liebloſe Kritiken, welche nicht
ſelten von dem häßlichſten Kunſtneid erzeu-
get werden, bey meinen Landsleuten verhaßt zu machen. Niemand iſt vielleicht von
der Wahrheit, daß in unſerm Jahrhunderte zu viel geſchrieben werde, beſſer
überzeuget, als ich, (denn in meinem gegenwärtigen Metier habe ich alle Brochü-
ren und Piecen unſerer erlauchten Zeiten
vor Augen) allein ich glaube demohngeach-
tet, daß es nützlich ſey, etwas zu ſchreiben,

ob es gleich nicht allemal rathsam ist, das
Geschriebene auch drucken zu lassen.

Wenn diese Erzählungen auch unter die
Bücher jener Gattung gehören, die nicht
hätten gedruckt werden sollen: so wird mein
Verleger die Gewogenheit haben, dieselbe
als Makulatur zu verkaufen. Und dann
hat es ein Ende.

I. Die

I.
Die Familie.
=

Wie selten sehe ich die Spuren der heitern
Freude, der häuslichen Zufriedenheit und der
mit sich und seinem Zustande begnügten Glückseligkeit in dem Angesichte meiner Mitmenschen! Diesen jagt ein schändlicher Wucher
in dem Kreise unedler Geschäfte umher, und
jener wird von den abscheulichen Folgen seiner
mit Unmäßigkeit befriedigten Begierden ge-
martert. Dort werden die heiligsten Pflichten

ten der Ehe, Schwur und Treue gebrochen, und hier stürzt Unwissenheit, Verschwendung und Ruchlosigkeit ganze Geschlechter in unheilbares Verderben.

Ach, wer sollte das Unglück der Menschen nicht beweinen! Ein ewiger Wechsel der Zufälle regieret die Schicksale der Menschen. Was heute blühet, verwelket morgen; und wer heute aus dem Schoose seiner Mutter kam, wird vielleicht morgen die Augen nicht mehr Auch.

Die Geschichte, welche ich hier zu erzählen gesonnen bin, schildert den unglücklichen Zustand derjenigen, welche die heiligen Bande der Ehe zerreißen, und mit einem sträflichen Leichtsinn das Glück ihrer häuslichen Glückseligkeit zerstören. Ich wünschte um so mehr Aufmerksamkeit zu erhalten, da es in unsern Zeiten schon zur Mode wird, aus den Schranken der ehrwürdigsten und nothwendigsten Gesetze zu tretten.

Ludwig war schon in seiner Jugend mit den Geheimnißen der Leichfertigkeit bekannt.

Kaum

Kaum entfloh er der Zuchtruthe seines Hof-
meisters, als er schon in die verdächtigen Winkel schlich, wo die Unschuld des Herzens erröthet, und die Tugend zu entfliehen anfängt.
Er fand in kurzer Zeit eine Menge guter
Freunde, welche in der Kunst, die Unschuld
zu verführen, und einem jungen Menschen
alle Empfindung der Ehre und der Schande
zu benehmen, ausgelernte Meister waren.
Ihre Lebensart hatte alle Reitze der Verführung. Sie waren Müßiggänger, welche die
Trägheit ihres Geistes durch die Thätigkeit
ihrer Sinne schadlos hielten. Sie schwärm-
ten ganze Nächte in verdächtigen Häusern
umher, und trugen, wenn sie beym hellen
Tage umher giengen, die eckelhaften Spuren
ihrer Liederlichkeit im Gang und Antlitz mit
sich. Die Gesunden flohen von ihnen, um
nicht angesteckt zu werden, und wer noch an
die Tugend glaubte, der wich ihnen im Wege
aus. So verworfen war die Zunft dieser
elenden Müßiggänger. Wo sie hinkamen,
ärgerten sie unverdorbne Gemüther. Sie
kannten keine Sterblichkeit, und ihre einzige
Tugend war, mit ihren Ausschweifungen
groß zu thun.

Wie

Wie nothwendig wäre eine Policey, welche über die Schritte der Ruchlosen ein wachsames Auge hätte! Nichts ist gewißer, als daß der größte Theil der verdorbenen Grundsätze durch diese Gesellschaften verbreitet wird. Die Sitten gehen verlohren, und eine schamlose Frechheit betastet die heiligsten Dinge mit muthwilligem Witze. Die Zahl der Müßiggänger wird durch die Lockungen der Verführung vermehrt, und es ist kein Wunder, wenn alle verdächtigen Häuser wimmeln, alle Spieltische besetzet, und alle Mädchen zum Fall gebracht werden.

Ludwig, der die Freyheit mit Unmäßigkeit genoß, ward in kurzer Zeit um seine Religion, um seine Sitten, um seine Gesundheit und um seine Ehre gebracht. Daß er iemals zu wichtigen Geschäften, welche Muth und Redlichkeit erfordern, brauchbar seyn werde, daran war nicht einmal zu denken. Er hatte keine Fähigkeit zu männlichen Arbeiten, und daß es rühmlich sey, tugendhaft zu leben, das war ihm ein lächerliches Mährchen. Er lebte ohne Grundsätze die unseligen Tage seiner Jugend in einer rohen Wildheit dahin. Nichts,

Nichts, was der Wünsche eines ehrlichen Mannes würdig war, bewegte ihn. Er betrachtete sich als ein Wesen, welches der kurzen Zeitfrist benuzen, und alle Vortheile genüßen sollte, welche das sinnliche Vergnügen verschaffet. Er streifte alle bürgerlichen und göttlichen Gesäze von sich, und hielt sich nur an iene, welche ihm den Genuß seiner Ausschweifungen sicherten. Er begegnete seinen alten Eltern mit unbeschreiblicher Härte, und er war zu grausam, um von den Thränen der Vaterliebe bewegt zu werden. Er verübte unter den Augen gebeugter Eltern Bubenstücke, welche allen Glauben übersteigen. Er machte die Tugend lächerlich, und that mit seinem ungezähmten Muthwillen ungewöhnlich groß.

Der alte unglückliche Vater starb vor den Augen eines Sohnes, der ihn nicht mehr beweinte. Er frohlockte in seinem Herzen, des Alten los zu seyn, und nahm von der Verlassenschaft desselben Besiz, ohne ihm zu danken, ohne in seinem Leben mehr an ihn zu denken. Man trug die Leiche zum Grab; der Sohn folgte aus Politesse. Man senkte den Sarg

B

Sarg unter die Erde; aber der Sohn konnte die Bösartigkeit seines Herzens nicht ver-
hüllen.

Nach den Grundsätzen, welche von den
damaligen Schwärmern beobachtet wurden,
hätte Ludwig nichtsweniger, als an eine ehe-
liche Verbindung denken sollen. Man sprach
hierüber mit einer Verachtung, welche allen
Glauben übersteiget. Man hatte gegen das
weibliche Geschlecht keine Achtung, und betrachtete es allenthalben als einen Gegenstand,
der höchstens darzu dienet, der unbändigen
Jugend einige Augenblicke zum muthwilligen
Spiele zu dienen. Alle Liebe war aus den Herzen gewichen, welche ohne Erröthung ihre thie-
rischen Begierden mit dem nächsten und besten
Gegenstand befriedigten. Wie selten waren
zu dieser Zeit die glücklichen Ehen! Wie selten war Friede und Liebe in Familien, welche
sich angehörten! —

Die Umstände, in welche Ludwig durch
den Tod seines Vaters versetzt wurde, nö-
thigten ihn, sich eine Gattin zu wählen. Drey
Mädchen, die er zum Fall gebracht, machten
Ans-

Ansprüche auf seine Hand. Allein er kannte
keine Pflicht. Er wählte die Tochter eines reichen
Bürgers.

Unglückliches Mädchen! Wie kläglich ist
dein Geschick! Was hast du verschuldet, der
Raub eines abscheulichen Sünders zu werden!
Ach! Du wirst nicht mehr geliebet. Dein
Gemahl wird dich martern, und du fängst die
kummervollen Tage eines unglücklichen Lebens
zu leben an. Wie glücklich würdest du seyn,
wenn du mit deinem Vermögen die Liebe eines vernünftigen und tugendhaften Armen ge-
wonnen hättest! Freude und Genügsamkeit
würde dein Haus bewohnen. Du würdest in
den Armen eines Mannes ruhen, der dich noch
mit Zärtlichkeit lieben könnte.

Aber es war vorüber. Ludwigs Herz trannte
sich in dem Augenblicke, in welchem andre
Herzen sich verbinden, von seiner Gattin. Er
hatte in seinem Auge keinen Blick, der von
Liebe sprach, und in seinen Gliedern war keine Wärme mehr. Er empfand in der Gegenwart seiner Gemahlin eine tödtliche Langewei-
le. Er floh in die Arme seiner Freunde zu-

rück,

rück, und setzte mit unbeschreiblichen Muthwillen den Lauf seiner Ausschweifungen fort.
Tag und Nacht schwärmte er in den Schenken umher; Spiel und Liebeshändel waren seine Beschäftigungen; und wenn er in später
Nacht zu seiner Gattin taumelte, klebte der
eckelhafte Gestank seiner Sünden an ihm.

Was in solchen Zeitpunkten zwischen Mann
und Weib vorfiel, wird jeder Leser, der mit
der Geschichte unsers gegenwärtigen Hauswe-
sen bekannt ist, ohne meine Erinnerung erra-
then. Oft mußte das unglückliche Weib am
Morgen mit wundem Haupt, mit gelähmten
Gliedern unter den Menschen erscheinen. Nur
Wenige bedauerten sie. Sie aber ertrug ihr
Schicksal mit Geduld.

Sie hatte nur eine Freundinn, in deren
Schoos sie ihre Klagen schütten kannte. Da-
hin begab sie sich in trüben Tagen, deren
Zahl ohne Ende war; bey ihr ließ sie ihren
Thränen freyen Lauf; bey ihr holte sie Trost.

Mariane, ihre Freundinn, hatte einen
Bruder, der zur Zeit, wo die unglückliche
Frau

Frau unter Thränen ihr Schicksal erzählte,
oft zugegen war. Die liebenswürdigsten
Eigenschaften, Tugend und Verstand, verei-
nigten sich, diesen jungen Menschen zum Gegenstand einer besondern Hochachtung zu machen. Er hatte in seinem ganzen Wesen ein-
nehmende Reize, und wer noch für die Tugend Ehrfurcht empfand, der war ihm gut.
Er war weder blödsinnig, noch frech. Mit
bescheidnem Anstande erschien er in Gesellschaften, und er liebte den Umgang tugendhafter und
vernünftiger Menschen.

Wenn die unglückliche Frau ihr klägliches
Schicksal erzählte, war er seiner Schwester
zur Seite. Ach, wer konnte die Thränen
dieser unglücklichen Frau sehen, wer ihre
Seufzer hören, ohne erschüttert zu werden!

„Ich empfinde die Schwere meines Un-
„glücks, sagte sie oft. Mein Schmerz ist
„ohne Grenzen. Ach, ich habe Alles ver-
„loren! Es lebt keine Freude mehr in mir.
„Ich wünsche zu sterben. Dort, wo die
„Beglückten ruhen, hören die Drangsalen
„dieses Lebens auf. Ach, meine Freundin!
„warum

„warum weinen sie? Mir kann nicht mehr
„geholfen werden. Sparen sie ihre Thrä-
„nen. O, warum muß ich durch mein Un-
„glück die Freude der Glücklichen stören!„

In diesen Augenblicken verfiel gemeiniglich jedem, der zugegen war, die Sprache.
Es war ein betrübter Anblick, die arme Frau
in ihrem Elende zu sehen. Sie hatte in ihrem
Gesichte noch immer die Züge einer reitzenden
Schönheit, welche selbst durch den Kummer,
der an ihrem Herzen nagte, erhöhet wurde.
Dazu kam noch die Lage ihres bedaurungs-
würdigen Zustandes, welcher allen guten
Seelen die innigsten Regungen des Mitlei-
dens abnöthigte. Sie legte oft ihr wundes
Haupt in die Arme ihrer Freundinn, und es
giengen manchmal Stunden vorüber, ohne
Sprache, ohne Bewegung.

Um diese Zeit erwachte in dem Herzen des
liebenswürdigen jungen Menschen eine unsee-
lige Leidenschaft gegen die unglückliche Frau.
Ihr Elend wirkte auf sein Herz mit einer
Gewalt, der er nicht widerstehen konnte Er
wollte anfangs die Eindrücke, welche sie auf
ihn

ihn machte, entkräften. Allein seine lebhafte
Einbildungskraft schwächte die Gründe der
Vernunft. Er billigte in seinem Herzen eine
Neigung, die ohne böse Absicht in ihm erwachte. Anfangs wünschte er nur, der Unglücklichen ihr Schicksal mildern zu können.
Aber wie wenig vermag der Mensch das Ziel
seiner Wünsche in weisen Schranken zu erhalten!

Die Liebe war noch immer das Bedürfniß
guter, unverdorbener Seelen, und wer von
der süßen Gewalt jener unschuldigen Freuden,
die eine weise Liebe gewähret, nicht mehr in
Bewegung gesetzt wird, in dessen Gemüthe
müßen schon große Verwirrungen vorgegan-
gen seyn. Man verwechsle doch die blöden
Tändeleien, die geschmacklosen Liebhabereien
unsers Zeitalters nicht mit jenen edlen Gefühlen, welche dem menschlichen Herzen meistens
einen Schwung zur Tugend mittheilen. Menschen, die eine gegenseitige Hochachtung empfinden, laßen sich auch durch gegenseitige
Vorstellungen zu manchen Guten bereden, und
man thut unter den Augen desjenigen, was
man liebt, das Gute gemeiniglich noch so freu-

dig,

dig, als wenn man von Niemannden aufge-
muntert wird. Manche Jünglinge würden
bey den olimpischen Spielen lange nicht den
Muth gezeiget haben, wenn sie nicht die Gegenwart der griechischen Schönheiten mit un-
gewöhnlichem Feuer begeistert hätte.

Marianens Bruder verbarg lange die
Wünsche seines Herzens. Er begnügte sich,
die Unglückliche von seinem Mitleiden zu über-
zeugen, ohne ihr den Zustand seiner beängstig-
ten Seele, und seinen besondern Antheil, den
er an ihrem Schicksale nahm, zu entdecken.
Die arme Frau! Mußte die Vorsicht des
Himmels auch die edlen Menschen bestimmen,
sich einander ihre Herzen zu zerreißen! —

Als dieses geschah, war er eben allein
zu Hause. Die unglückliche Frau kam. Seine
Schwester hatte Geschäfte, die sie längere Zeit
von Hause entfernte. Die Unglückliche tratt
mit sichtbarem Kummer in das Zimmer. Ihre
Augen, deren Winkel roth geweint waren, la-
gen in einer fürchterlichen Tiefe, und blickten
mit unbeschreiblichen Schmerzen hervor. Marianens Bruder erschrack, und seine sichtbare
Ver-

Verwirrung brachte ihn so sehr außer sich,
daß er nicht wußte, was er reden, was er
thun sollte.

„Setzen sie sich, Madam, fieng er end-
„lich an; meine Schwester wird vermuthlich
„bald kommen.,,

Sie. Ich habe Arbeit mit mir genommen. Erlauben sie —

Er. Keine Umstände, Madam! Sie
sind hier zu Hause.

Sie. Sie sind so gütig, mein Freund!

Er. O Madame! ich wünschte —

Sie. Es ist gut. Wünschen sie mein
Ende. Bessere Dinge können sie mir nicht
mehr wünschen.

Er. Wie bedaure ich sie, unglückliche
Freundin!

(Sie schweigt.)

Er. Es ist doch betrübt, daß Herzen,
welche für einander geschaffen sind, so selten
vereiniget werden. Aber sagen sie mir doch,

was

was hatten sie für Beweggründe, einen Mann zu wählen, dessen Sitten so verdächtig waren?

Sie. Auf diese Frage kann ich ihnen nicht antworten. Unwissenheit, Eitelkeit, und Verblendung. — O, mein Freund! überlassen sie mich meinem Schmerze; ich habe ihn verdienet.

Er. Verdienet? — Bey Gott, sie verdienten glücklich zu werden, Madame! — O, warum leitete die Vorsicht ihre Augen nicht auf einen jungen Mann, den Tugend und Rechtschaffenheit liebenswürdig macht! Wie glücklich lebten sie nun in der Gesellschaft, an der Seite eines Gemahls, der sie lieben würde! Wie froh, wie kummerlos wären die Tage ihres Lebens! Gesunde, unschuldige Kinder würden ihnen das Andenken froh genoßner Empfindungen zurückrufen. Sie würden freudig schlummern, und freudig wachen. Ihr Gemahl würde immer liebenswürdig, immer der zärtliche Vater, und der getreue Gatte und Freund bleiben. Nie würde ein liebloses Wort, ein hartes Betragen, ein mürrischer Blick den Frieden ih-

rer

rer immer wachsamen Liebe zerstören. O,
meine Freundinn! wie glücklich lebten sie nun
in der Gesellschaft und an der Seite eines
Gemahls, der sie lieben würde!

(Die unglückliche Frau, deren
Thränen heiß aus den Augen quollen,
verhüllte ihr Gesicht, und es war ihr,
als würde sie an Dinge erinnert, deren
Genuß ihr unbekannt war. Ach, sie
hatte keine der frohen Stunden genoßen,
deren Gegenwart gute Menschen dem
Glücke einer zufriedenen Liebe zu danken
haben. Seitdem sie des Sünders Eigenthum war, benetzte sie ihr Braut-
bette täglich mit Thränen, und aß und
trank nichts als Wermuth und Bitterkeit.)

Wie glücklich wären sie nun! wiederholte
Marianens Bruder mit einer Bewegung,
deren Ausdruck alle Worte zernichtete.

Sie. Wie glücklich ich nun wäre? O,
ich bitte sie, erinnern sie mich nicht an ein
Glück, das ich nicht kenne!

Er.

Er. Arme Frau!

Sie. Das ich auch nicht mehr kennen werde. Für mich ist alle Hofnung dahin. Ich erwarte noch das größte Glück von der Hand des Himmels. O, möchte es nicht mehr ferne seyn!

Er. Sie müßen ihren Schmerz mäßigen. – Ein Ungeheuer verdienet die Thränen einer edlen Seele nicht. Liebenswürdige Freundinn! ihr Gemahl ist ein Ungeheuer.

Sie. Diese Beschuldigungen kamen noch nie von meinen Lippen.

Er. Aber ihr Herz beschuldiget ihn der schwärzesten Verrätherey? Genug! Er brach die Bande der heiligsten Pflichten. Er war der Räuber iener unschuldigen Freuden, auf welche sie billige Ansprüche zu machen hatten. Er tödtete ihr Leben, und posaunet nun in allen verdächtigen Schlupfwinkeln, wo sich öffentliche Sünder versammeln, den Triumpf seiner abscheulichen Verbrechen mit einer boshaften Freude aus. Unglückliche Frau! Ich nehme vielleicht zu lebhaft an ihrem Schicksale Antheil. Aber verzeihen sie, wenn

ich

ich verleitet werde, eine Thorheit zu bege-
hen.

Sie. Ich bin weit entfernet, den
Antheil, den Sie an meinem Schicksale
nehmen, für eine Thorheit zu erkennen. Ich
wünschte nur, Ihnen lebhafter, als durch
Worte, dafür danken zu können.

Er. (ergreift ihre Hand, und drückt sie an seinen
Mund) lebhafter, als durch Worte, kann
ich ihnen den schmerzlichen Zustand meines
Gemüthes durch diesen Kuß ausdrücken. O!
unglückliche Frau! warum mußten sie das
Opfer eines unerträglichen Bösewichts werden ! —

Gleich einem Menschen, den ein plötz-
licher Anblick seiner schweren und gehäuften
Drangsalen aus einem Traume aufschreckt,
fuhr die bedaurungswürdige Frau empor. In
diesem Augenblicke wurde ihre Last noch schwerer, und ihr Elend noch schrecklicher. Sie fieng
an, den Mangel ihrer Freuden doppelt zu empfinden. Sie vermißte den Frieden ihrer Seele. Ihr Herz war auf ein neues zerrissen.

Was

Was sollte sie dem liebenswürdigen Freunde antworten? Sie verehrte seine Tugend; sie liebte seine Rechtschaffenheit. Sie verglich ihren Mann mit ihm. Was mußte jener in so einer Vergleichung nicht verlieren!

Gleichwol war die Sprache ihrer Ehre, ihrer Tugend, ihrer Pflicht mächtig in ihr. Noch war der Gedanke, sich nach dem Beyspiele damaliger Zeiten durch gleiche Treulosigkeit an ihrem Manne zu rächen, ihr unbekannt. Sie mußte nicht, was in ihrer Nachbarschaft die Frauen thaten. Sie hatte Hochachtung für ihre Pflichten.

Aber in diesem unglücklichen Augenblicke, wo ein ungewöhnliches Gefühl ihr Herz erschütterte, wo sie den grausamen Abstand von dem, was sie nun war, und von dem, was sie nun seyn könnte, mit aller Gewalt empfand; wo ihre Einbildungskraft zu süßen Wünschen erwachte, und die frohen Bilder der Freude um sie schwebten, in diesem unglücklichen Augenblicke schlug sie in ihr Herz unheilbare Wunden. Sie sah den liebenswürdigen Freund mit unbeschreiblichem Kummer

mer an. Sie schwiegen, und ein neuer Strom von Thränen stürzte aus ihren Augen. Ihr Freund war seiner nicht mächtig. Er umarmte die unglückliche Frau, und benetzte sein Gesicht mit ihren Thränen.

„Wie würdig wären sie des besten Glücks „auf Erden! sprach er mit der zärtlichsten „Anmuth. Ach! Könnte ich ihnen einen Theil „ihrer Ruhe zurückgeben! Wie gerne woll- „te ich alles, alles aufopfern! —

Seine Schwester trat herein, als er noch weiter reden wollte. Die unglückliche Frau riß sich aus seinen Armen, und eilte in die Arme ihrer Freundinn. Ein klägliches Stillschweigen herrschte in dem Kreise dieser guten Familie. Mariane erschrack. Ihr Bruder entfernte sich, und die bedaurungswürdige Frau entdeckte ihrer Freundinn, was vorfiel.

„Ach! mußte der Himmel, sprach sie, „mein Herz auch auf diese grausame Art zer- „reißen! Muß ich nun auch den Werth „einer fremden, unerlaubten Liebe empfin- „den, nachdem ich schon drey Jahre den „Schmerz einer an mir grausam verübten „Un-

„Untreue empfand? Ach! Freundinn! wie
„sollte ich Ihnen den Zustand meines angstvol-
„len Gemüthes schildern! Ich fange an,
„die Last meiner Leiden zu fühlen. Ich sehe
„einer Zukunft entgegen, in welcher mich
„Verzweiflung und Reue zu Grunde richten
„wird.

Mariane tröstete die Unglückliche. Aber
was fruchtete ein Trost, da das Gemüth schon
durch mächtigere Eindrücke erschüttert war?

Mit jedem Tage wuchs die Unruhe in
dem Herzen der armen Frau. Bald entschuldigte sie ihre Neigung; bald fühlte sie sich
strafbar. Sie duldete die grausamen Unbilden, welche ihr täglich und oft stündlich ihr
treuloser Mann anthat, mit einer bewunde-
rungswürdigen Gelassenheit. Sie wurde
von ihm wider alle Gesetze mißhandelt. Sie
mußte schweigen wenn er mit berauschter
Wuth polterte.

Harte Männer! Die ihr durch so grausame Mißhandlungen den Ueberrest der Liebe,
der etwa in den Herzen eurer Frauen noch lebte, vollends zerstöret, würde es nicht der
Schwach-

Schwachheit des menschlichen Herzens auf, wenn ihr euer Eigenthum in den Händen besserer, und tugendhafterer Menschen sehet! Es ist oftmals eure Schuld, daß zweydeutige Kinder auf die Welt kommen. Ihr bringet oftmals selbst die Tugend eurer Frauen zum Fall. Wie sollte nicht ein junges Weib, das sich schon in den ersten Jahren betrogen sieht, auf Abwege gerathen? worauf die ganze Familienglückseligkeit zu Grunde gehen muß? Tugendhafte gesittete Leute werden sich nie verkennen. Selbst die Liebe wächst unter Menschen, die sich durch Tugend und Rechtschaffenheit liebenswürdig machen. Ehebrüche, gläube ich, sind unter solchen Menschen nicht möglich, und es muß, wenn so eine Zerrüttung in den Gemüthern vorgehet, eines oder das andere fehlen.

Ludwig, der mit aller Unmäßigkeit seine schädlichen Ausschweifungen begieng, sah sich bald in die mißlichsten Umstände versetzet. Alles sein Vermögen war dahin: er selbst empfand bereits in seinen Gliedern eine martervolle Krankheit, und sah an seinem Leibe eine abscheuliche Seuche: Er war sich und der menschlichen

C   lichen

lichen Gesellschaft ein eckelhaftes Aas. Seine vermeinten Freunde wichen von ihm, und ehrliche Männer mußte er fürchten. Er saß oft ganze Tage in einer schrecklichen Empfindungslosigkeit zwischen leeren Wänden, die er nicht ansehen konnte, ohne greuliche Vorwürfe zu vermehren. Seine Gattin gieng in die Häuser ihrer Nachbarschaft und bat für ihren Mann um Essen. Marianens Bruder lies ihr durch unbekannte Hände viele Wohlthaten zufließen. Ohne seine Hülfe wären vermuthlich Beyde schon frühzeitig ein Raub des Hungers geworden. Aber der treulose Mann empfand nicht mehr den Werth einer Wohlthat. Er peinigte, so oft er den Mund öfnete, diejenige, die seiner mit so vieler Sorgfalt pflegte.

Das Elend, in welches diese unglückliche Familie gestürzt wurde, kann mit Worten nicht beschrieben werden. Ludwig empfand die schreckliche Straffe seiner Sünden, ohne mehr einen Wunsch zum Guten zu bekommen. Die Trostgründe der Tugend, die er in seinem Leben verachtete, waren ihm am Ende desselben unbekannt. Er wünschte den abscheulichen Wunsch,

Wunsch, zernichtet zu werden. Er war jener Freuden beraubt, mit welchen sich der Tugendhafte seiner edlen Handlungen erinnert. Man brachte ihn in ein Krankenhaus, wo er zum Aergerniß aller derjenigen, die noch einen Glauben an die Tugend haben, unter ruchlosen Flüchen sein unseliges Leben endete.

So war das Ende eines Mannes, der durch grobe Ausschweifungen die heiligsten Pflichten, die er sich und der menschlichen Gesellschaft schuldig war, verletzte. Niemand wird ihn betrauren. Niemand wird von ihm was Rühmliches sprechen. Er war die Schande seiner Zeitgenossen, die Schande seines Geschlechts. Nichts, was eines Mannes würdig ist, zeichnete ihn aus. Er hinterließ kein Denkmal einer rühmlichen Handlung. Die Chronick seines Lebens befindet sich in den Händen der schändlichsten Metzen, und in den Häusern der Schwelgereien.

Die unglückliche Wittwe, welche zum Gegenstand eines allgemeinen Mitleidens wurde, konnte dem Himmel, (wer kann sie verdenken?) nicht genug danken. Wie soll-

te

te sie der Verlust eines Mannes kränken, der
ihr, da er lebte, so schwere Lasten aufbür-
dete? Ihre Freundinn Mariane nahm sie zu
sich. Aber es war nicht mehr jene innige Freude der Jugend an ihr. Sie sah sich mit Betrübniß an; sie empfand, daß sie das Eigenthum eines verhaßten, und lasterhaften Mannes gewesen war. Sie zitterte, wenn sie in
der Gegenwart des Bruders ihrer Freundinn
war; und sie wagte nur furchtsame Blicke auf
denjenigen, den sie unter allen Sterblichen am
meisten schätzte.

Allein dieser betrachtete den Tod ihres
Gemahls als den Wink einer unerforschlichen
Vorsicht. Er faßte sogleich den würdigen
Entschluß, sich durch Geschicklichkeit und Fleiß
in den Stand zu setzen, die arme Wittwe aus
ihrer mißlichen Lage ziehen zu können. Durch
die Unterstützung ansehnlicher Bürger empor-
gehoben, kam er zu einem ergiebigen Dienst.

Er bot der Wittwe seine Hand. Das
Entzücken der Glücklichen kann nicht beschrieben werden. So elend sie war, so glücklich
wurde sie nun. Neue Freuden, der Lohn
über-

überstandener Leiden kamen über das liebenswürdige Paar. Sie lebten in friedlicher Eintracht, und führten sich Hand in Hand unter
Liebe und Zärtlichkeit die Pfade des Lebens
durch. O, wer kann das Glück der Tugendhaften, wer die Wonne der Rechtschaffenen
empfinden! Sie betrübten sich nie wechsels-
weise durch Kränkungen. Weder Eitelkeit
noch Leichtsinn zerstörte die Ruhe ihrer Ehe.
Sie lebten in stiller Genügsamkeit ein zufriednes, beneidenswürdiges Leben unter immer
neuen Glückseligkeiten dahin. Tugendhafte
und vernünftige Kinder vollendeten das Glück
ihrer Tage. Der Himmel begünstigte das
Gebet der Frommen, und sie sahen sich am
Ende ihres Lebens mit dem Lohne ihrer Rechtschaffenheit gekrönet.

Ach, warum zerstören so viele Familien
durch Muthwillen ein Glück, welches von
der wohlthätigen Hand des Himmels so reich-
lich über Sterbliche ausgegossen wird! Warum
lernen sie so spät und oft gar nicht die Wahrheit empfinden, daß die Quelle unsrer Freuden in der Tugend, und die Quelle unsers
Elendes in dem Laster bestehe! —

II.

II.

Die eitle Frau.

=

Das weibliche Geschlecht kömmt mit einer sehr gefährlichen Neigung auf die Welt. Es ersetzt gewöhnlich den Mangel seines Verstandes durch eine lächerliche Eitelkeit, welche um so schädlichere Wirkungen auf den Wohlstand bürgerlicher Gesellschaften hat, je weniger sie in der Erziehung eingeschränket wird. Zur Zeit, da dieses geschrieben und vielleicht auch gelesen wird, hat es das Frauenzimmer auf das höchste gebracht, und manche Haushaltungen könnten uns zu einem schrecklichen Beyspiele dienen, was für schlimme Folgen aus der verderblichen Kaprize der eitlen Frauenzimmer entstehen.

Charlotte war die einzige Tochter eines Hofraths. Die Frau Hofräthin besorgte die
Erzie

Erziehung derselben. Das vornehmste Geschäfte der gnädigen Mama gieng dahin, das kleine Töchterchen schon frühzeitig in den Geheimnissen der Eitelkeit zu unterrichten. Unaufhörlich wurde die Schönheit des Kindes gepriesen, ja es mußte selbst in die Spiegel sehen, und sich bewundern. Ganze Tage wurde an der lächerlichen Puppe gepuzt, gefrißirt und gemahlen. Die Spitzhändlerinnen, die Bändelkrämerinnen und die Puzmacherinnen hatten immer volle Hände zu thun, die gnädige Mama samt ihrer Tochter zu bedienen.

Was das ärgste war: so hatte jene auch die abgeschmackte Thorheit, unter der Zahl der schönen Geister und Geistinnen einen Rang behaupten zu wollen. Sie war bis zum Närrischwerden empfindsam. Alle wahnsinnigen Romane hatte sie gelesen. Und wer könnte die Liebhabereyen zählen, welche sie in ihrer romantischen Jugend bald zum Unsinn, bald zur Thorheit verleiteten!

War es ein Wunder, wenn sie ihre Tochter nach ihren Lieblingsideen bildete? Sie gab ihr, da sie noch unmündig war, Liebes-

geschich-

geschichten in die Hände, und konnte den Zeitpunkt, wo diese über innern Herzensdrang,
über Melancholie und Sehnsucht nach nie ge-
noßnen Freuden klagen würde, kaum erwarten. Wie freudig, wie triumphirend sprach
sie dann in Gesellschaften von ihrer gefühlvol-
len Tochter. Ach, wenn sie nur auch bald
einen grausamen Amanten hätte! Wenn sie
nur schon bald über Untreue laute Klagen zum
Sitz der Götter empor schreyen könnte!

Dieser kritische Zeitpunkt, wo die Tochter eine grosse Portion Nieswurze nöthig
hatte, kam nur gar zu bald. Ein junges,
süßes Herrchen, nach gleichen weibischen
Grundsätzen gebildet, verwundete ihr Herz-
chen. Ach, wie schmachtete sie! Gleich
Nelken in der Sonnenhitze sah sie ihr Leben
abdorren. Gleich wüthenden Orkanen, die
in den Wäldern prausen, stürmte es durch die
feinen Fäserchen ihres Gehirns. Sie seufzte
unaufhörlich vom Tod, von beßern Freuden
jenseits des Grabes, vom Abbleichen und
Abwelken. Wirklich blich sie auch zusehends
ab. Ihr eben so zärtlicher Amant unterließ
nicht, ihre angesteckte Phantasie durch Liebes-
briefe

briefe in eine noch stärkere Bewegung zu setzen.
Sie mußte diese Briefe allemal ihrer Mama
lesen laßen, welche denn auch, wie ganz billig
zu vermuthen ist, innigst gerührt wurde, wenn
recht herzbrechende Ausdrücke in denselben
vorkamen.

Allein so schlimme Folgen diese Empfind-
samkeit auf ihren Charakter hatte: so waren
die Eindrücke, welche die Eitelkeit auf ihr
Gemüth machte, doch ungleich schlimmer.

Wir wollen Charlotte als die Gemahlinn
eines vernünftigen Mannes betrachten. Sie
heyrathete nach vielen Abentheuern mit dem
jungen süßen Herrchen und andern Gecken den
Hofrath von Lorson. Dieser war in seinen
Geschäften ein redlicher und unermüdeter
Mann. Er hatte die besten Grundsätze und
die edelsten Gesinnungen. Männlicher Charakter, festgesezter Sinn, Geradheit und
Einfalt der Sitten zeichneten ihn vor vielen
seiner Kollegen aus. Dieser nahm sich Charlotten zur Frau. Er war ein zärtlicher Gatte,
ohne von der Gattung derjenigen zu seyn, die,
um ihre Frauen zu unterhalten, Pflicht und

C 5   Gesund-

Gesundheit aufopfern. Er betrachtete sie als
die Gehülfinn seines Lebens, die zu dem Ende
zugegen wäre, mit ihm Freude und Betrübniß zu theilen. Er hofte an ihr eine bescheid-
e, sittsame Gattinn, eine gute Mutter und
eine verständige Hauswirthinn zu erhalten.

Aber wie betrog sich der arme Mann in
seinen Hofnungen und Wünschen. Charlotte
liebte aus Eitelkeit das geräuschvolle Leben.
Sie war aus Mangel vernünftiger Grundsäze
unfähig, eine gute Mutter zu seyn, und daß
sie die Kenntniße einer ordentlichen Hauswirth-
schaft besitzen sollte, das konnte man von ihr
nicht einmal erwarten. In ihrem Hauswe-
sen mußte alles von Pracht glänzen. Ihr
Puz kostete jährlich tausend Thaler. Ihr
Theater, ihre Souppeen, ihre Bääle, ihre
Lustreisen, ihre Promenaden und Assembleen
kosteten nach der genauesten Berechnung ebenfals nicht weniger. Und hätte der unglückliche
Mann zwanzig Tonnen jährliche Einkünfte
gehabt, sie würden erschöpft worden seyn,
um die unersättliche Eitelkeit seiner Frau zu
befriedigen.

Lorson

Lorson machte ihr anfangs die billigsten
und vernünftigsten Vorstellungen. Es war
vergebens. Er entzog ihr die Gewalt über
sein Geld. Das war auch vergebens. Charlotte bestahl ihn und machte Schulden. Was
sollte Lorson mit so einem heillosen Weibe anfangen? — Er begegnete ihr mit Ernst.
Aber auch dieser fruchtete nichts. Charlotte
klagte ihren Freundinnen, die ebenfals nicht
besser daran waren, die Härte ihres Mannes.
Sie machten miteinander freundschaftliche
Bündnisse zum Verderben ihrer Männer, und
rächten sich am Ende mit einer Treulosigkeit
an denselben, welche alle Männer, die ihre
Ruhe lieb haben, abschrecken sollte, sich zu
Sklaven eitler Weiber zu machen.

Lorson sah sich um diese Zeit täglich von
einigen Windbeuteln und geilen Böcken in seinem Hause und in seinen Geschäften gestört.
Er mußte sie sogar an seinem Tische bewir-
then, und es ereignete sich überdas einmal
der Fall, daß, da er eben unvermuthet nach Hause kam, er die Riegeln seines Schlafgemaches
verschlossen fand. Er ließ die Thüre spren-
gen, warf den schändlichen Bock über die
Treppe

Treppe, und ließ sich von Charlotten nach
gerichtlicher Weise scheiden.

Nun ist die Frau Hofräthin ein Aus-
wurf ihres Geschlechts. Ohne bedauert zu
werden, geht sie nun täglich von Hause zu
Hause, und bettelt.. In den Kirchen rückt
sie jedem, der Geld bey sich zu haben scheint,
näher, und bittet um Gottes willen um Almosen. Lumpen bedecken den Leib, auf welchem vorhin Seide und prächtiger Stoff glänzte. Ihre Anbeter würdigen sie nicht einmal
eines Blickes mehr. Sie gehet in einem unbeschreiblichen Elende umher. Das Ungezie-
fer verzehret sie.

Welch ein schreckliches Gemälde des grausamsten Elendes! Wie tief fällt der Stolz!
Wie streng werden die Sünden bestrafet!
Ach, Charlotte! wie ehrenvoll hättest du an
der Seite des rechtschaffenen Mannes leben
können! Gewiß, er würde dich nach dem
Verhältnisse seines Vermögens und Standes
gekleidet haben. Er hätte dir den Genuß aller erlaubten, gesellschaftlichen Freuden ge-
stattet. Du würdest, wenn du die Ehre,
die Frau eines rechtschafnen Mannes zu seyn,
gefühlt

gefühlt hätteſt, ohne andere Zierde, ohne
Pracht, ohne eitlen Hochmuth der Neid deiner Geſpielinnen geweſen ſeyn. Du würdeſt
den Ruhm einer ſittſamen Frau in allen Geſellſchaften, wo die Tugend noch einen Werth
hat, genoßen haben. Nun lebteſt du ein
zufriednes Alter. Du hätteſt die Hochachtung
deines liebenswürdigen Mannes nicht verloren.
O beweine, Charlotte! beweine den Verluſt
einer Liebe, die dich glücklich gemacht hätte!
Beweine die Thorheit deiner Eitelkeit, und
bewege wenigſtens durch dein unglückliches
Geſchicke die Töchter unſrer Zeiten, welche ſich
ſchon auf dem Wege befinden, dir ähnlich zu
werden.

„Sehet mich, ſo rufe ihnen zu, ſehet
„mich in meinem Elende. Ich war euch einſt
„an Reitzen gleich. Mich verblendete aber
„meine Eitelkeit. Ich wollte durch Putz
„und Pracht ſchimmern. Ich wollte auch
„die lüſternen Blicke des ganzen Männergeſchlechts auf mich aufmerkſam machen. Aber
„unglückliche Thorheit! Ich habe durch dieſe
„ſchändliche Eitelkeit die Pflichten, die ich
„meinem Manne ſchuldig war, aus den Au-
„gen

„gen verloren. Ich habe die Ruhe seines
„Lebens untergraben, und die Verachtung
„aller Tugendhaften auf mich geladen. Ler-
„net von mir die Strafe eines Lasters kennen,
„welches alle gesellschaftlichen Bande zerreis-
„sen könnte. Sehet, ihr Frauen und ihr
„Töchter meines Vaterlandes! sehet meine
„klägliche Gestalt. Ich kann mich nicht mehr
„schminken. Für mich sind alle kostbaren
„Lustbarkeiten vorüber. Ich empfinde nun
„zu spät, worinn die Freuden dieses Lebens
„bestehen. Ach, weder Putz, noch Galan-
„terie, weder Promenade, noch Ball sind
„die Quellen dauerhafter Vergnügungen.
„Nur tugendhafte Gesinnungen, nur das
„aufrichtige Bestreben, die Pflichten unsers
„Standes zu erfüllen, machen uns glücklich.
„Werdet, ihr Töchter meines Vaterlandes!
„werdet gesittete und tugendhafte Frauen,
„gute Mütter, und fleißige Hauswirthinnen!
„Hierinn bestehen die Pflichten, die ich ver-
„lezte, und wofür ich nun von der gerechten
„Hand des Himmels diese grausame Züchti-
„gung leiden muß. „

O

O möchte diese ernsthafte Predigt auch Eindrücke auf die Gemüther unsrer jungen Charlotten machen!

III.

Die Einsamkeit.

Ich wandle gerne die einsamen Wege, auf welchen kummervolle Herzen in ungehörten Klagen Trost suchen. Wie willkommen sind mir die verlaßnen Gefilde, die kein muthwilliger Fuß, kein Störer der Freude durchrauschet! Am Morgen und am Abend gehe ich unter die schweigenden Schatten, und betrete leiser, als selbst die Stille dieser anmuthigen und einsamen Gegenden ist, den durch die Thränen der Unglücklichen erweichten Boden. O! welche Ruhe, welche Liebe zur Weisheit und Tugend erwacht in diesen beglückten Stunden in meinem Herzen! Wie freudig, wie

wie begeiſtert fühle ich mich in dem unermäßlichen Tempel der Natur! Hier bete ich die unbegreifliche Allmacht des Beherrſchers aller Dinge an.   Hier iſt meine Andacht feurig, und
mein Gebet ſtrömt aus dem Herzen.

Ihr, die ihr mich ſo ſelten in euren Kirchen, bey euren gottesdienſtlichen Ceremonien
ſehet, beſuchet mich in meinen Einſamkeiten,
und höret das Gebet meines Herzens. Hier,
wo ich mich einzig mit meiner Seele beſchäf-
tige, wo aller prächtige Lärmen, alles Getäuſch
des geſchäftigen Lebens verſchwindet, und
mich die unbegreifliche Pracht und Einfalt der
Natur an ſich ziehet, hier ſteht vor meinem
Geiſt daß erhabene Bild der Gottheit prächtiger, als in euren Tempeln:

   ,,Ich hebe mein Aug auf, und ſehe,
   ,,Und ſehe, der Herr iſt überall. ,,

Eine feyerliche Harmonie der Schöpfung, die
nur edlen Herzen fühlbar iſt, hebt mich in den
unermäßlichen Raum der Unendlichkeit empör.
O! wie groß, wie erhaben fühlt ſich der
Menſch in dieſen Augenblicken! Wie geſchickt
iſt er, in ſo einer Faſſung die Zänkereien der
Theo-

Theologen, den Kampf der Meinungen, die lächerliche Albernheit der Irrthümer zu besiegen! — Die Eitelkeit der wortreichen Wissenschaften verschwindet, und ich empfinde, daß die Weisheit allein die Wünsche der Menschen verdiene.

xxxxxxxxxxxxxxxxxxxxxxxxxxxxxxxxxxxxx

IV.

Der Jüngling.

Ich gieng so unbesorgt, und so still die Pfade dieser einsamen Gegend hin. Es war ein heiterer Sommerabend. Ein langer Schatten begleitete meine Schritte, und die Mücken tanzten freudig vor meinen Augen in den letzten Strahlen der Sonne. Die Blätter der Bäume wurden von leisen Hauchen beweget, und in der ganzen Gegend war eine Stille, welche empfindsame Herzen mit süßer Wehmuth erfüllet.

So gieng ich in der Freude und in dem Kummer meines Herzens dahin, als ich in der Ferne einen jungen Menschen erblickte, dessen seltsame Bewegungen meine Aufmerksamkeit auf sich zogen. Er blieb nach etlichen Schritten allemal stehen, und es däuchte mich, als redete er die Sprache, einer verirrten Phantasie. Er rang die Hände, und laute Worte, deren Zusammenhang ich in der Entfernung nicht begrif, kammen aus seinem Munde. Unglücklichen schlägt mein Herz auch in der Entfernug entgegen, und ich suche die Gesellschaft derjenigen, deren Elend mein Gemüth erschüttert.

Ich stund vor ihm, ohne einen Schritt weiter zu gehen. Der junge Mensch schien mich nicht wahr zu nehmen. Er lehnte sein Haupt an einen Baum, und wendete seine Blicke nach der Sonne, die eben unter die Berge zu sinken anfieng. Thränen zitterten aus seinen Augen, und eine sichtbare Ruhe schien in seinem Gemüthe vorzugehen.

„Wie wohlthätig, sagte ich, sind die „Empfindungen, die der Anblick so einer maje-
„stäti-

„stätischen Natursscene in edlen Gemüthern
„erwecket! Auch der Unglückliche vergißt
„einen Theil seiner Leiden.

Der Jüngling. Ach! Könnte ich sie vergessen!

Ich. Der Weise, mein unbekannter Freund! findet auch in den größten Drangsalen noch immer Trostgründe, die das Herz beruhigen. Und welches Unglück kann so groß seyn, daß es durch Geduld nicht sollte vermindert werden? Einbildungen sind es oft, die uns untröstbar machen.

Der Jüngling. Einbildungen! Einbildungen! In Wahrheit, nichts anders ists, als Einbildung.

Ich. Sie machen mich neugierig, mein Freund! Die Lage ihres Schicksals zu wissen. Ich würde keinen schlimmen Gebrauch machen, wenn sie mir ihr Vertrauen, und das Geständniß ihres Unglücks schenken könnten. Ich bin gerne an der Seite der Unglücklichen, und deswegen werden sie mir verzeihen, daß ich sie in ihrer Einsamkeit störte.

D 2   Der

Der Jüngling. Die Redlichkeit ihrer Mienen läßt mich nichts Arges von ihnen vermuthen. Ich will ihnen die Geschichte meines Unglücks anvertrauen. Zwar schäme ich mich, ihnen meine Schwachheiten zu entdecken; allein ich glaube, an ihnen so viele Billigkeit zu finden, das sie mit mir mehr Mitleiden, als Scherz haben werden.

Ich. scherze nicht gerne, mein Freund! wenn von Dingen die Rede ist, die uns Freude oder Kummer machen. Zur Sache!

Der Jüngling. Aber ich bitte sie um alles in der Welt, lachen sie doch nicht, wenn ich auf die Thorheiten meiner Jugend komme.

Ich. Der erste Schritt zur Weisheit ist die Erkenntniß der Thorheiten. Ist diese Wahrheit wohl lächerlich? Ich bitte, seyen sie unbesorgt. Ich habe in meinem Leben sehr wenig gelachet.

Der Jüngling. Eine unglückliche Leidenschaft hat mir so vieles Elend verursachet. Ich wurde in — meinem Vaterstädtchen, mit einem Mädchen bekannt, dessen Reitze mich bezauberten. Ich hatte nie geliebet,

bet, und war die Gewalt, welche die Liebe
auf mein Herz hatte, um so stärker, je weniger ich mit den Galanterien des Frauenzimmers bekannt war. Meine Julie — ach,
daß ich sie nun verabscheuen sollte! — war
so gut, so tugendhaft. Wir liebten uns so
unschuldig, so zärtlich. Wie freudig flohen
uns die Stunden unsrer Jugend vorüber!
Wie oft siegelten wir den Bund unsrer Liebe
mit Küßen, deren Süßigkeit alle meine Ner-
ven fühlten! — Julie wurde nach M — zu
ihren Verwandten gerufen. Wir schieden
unter tausend Thränen und Umarmungen.
Sie ward meinen Armen entrissen. — Ach,
wie hätte ich damals, da ein ewiger Bund
uns fest zu halten schien, denken sollen, daß
wir uns jemals trennen würden! — Selbst
die Briefe, die wir uns in der Abwesenheit
einander schrieben, waren beredsame Zeugen
unsrer Liebe. Ja ich wurde von meiner Leidenschaft, je mehr ich von Julien entfernt
war, um so heftiger herumgetrieben. Ich
wurde thätig, und mein Fleiß brachte es in
kurzer Zeit zu einer ungewöhnlichen Fertigkeit.
Mein Vater billigte meine Wahl. Er wollte
mich verheyrathen. Julie sollte meine Frau

D 3　　　　wer-

werden. Wie freudig, mit welchen Wünschen und Hofnungen kam ich hier an, um sie als Braut in meine Vaterstadt führen zu können! Aber ich bitte, ersparen sie mir das grausame Geständniß des Erfolges.

Ich. Wie fanden sie Julien hier?

Der Jüngling. Entehrt als eine Verführerinn der Jugend in den Händen der Policey.

Sein grausamer Schmerz brach aus seinen Augen. Er wollte nicht mehr reden. Er baute auf Julien sein Glück, und ach, es fiel so schimpflich darnieder!

Wie gerne, sagte ich endlich, wollte ich zu ihrem Troste etwas beytragen, wenn Gemüther, welche von einer heftigen Leidenschaft in Bewegung gesezt werden, eines Trostes fähig wären! Freylich ist es betrübt, sich in seinen Wünschen und Hofnungen so betrogen zu finden. Allein nur eine einzige vernünftige Vorstellung könnte, wenn sie ihr Gehör geben wollten, sie ganz wieder beruhigen. Julie ist ihrer Liebe unwürdig. Sie verdient ihren Abscheu. Ein Frauenzimmer,

welches

welches einmal ihre Ehre verlohren, wird nie die Pflichten einer tugendhaften Ehe erfüllen.

Sie verdient Abscheu und Mitleiden, erwiederte er. Wer weis es, ob nicht eine alte Kupplerinn, die hier in grosser Menge vorhanden seyn sollen, oder die gewaltthätige List junger Müßiggänger sie in diese Schande gestürzet haben?

Dieß verdiente untersucht zu werden, sagte ich hierauf.

V.

Juliens Geschichte.

Wir giengen Beide, da die Nacht hereinbrach, mit kummervollem Herzen in die Stadt zurück. Ich versprach ihm unter Wegs, ihm Morgens durch den Policeyvorsteher Gelegenheit zu verschaffen, mit Julien sprechen zu

kön-

können. Ach, wie werde ich ihren Anblick
aushalten können! sagte er.

Wir schieden mit dem Versprechen, uns
am Morgen wieder zu suchen. Ehe der Tag
zu grauen anfieng, war er auf meinem Zimmer. Seine Augen wurden von keinem
Schlummer zugedrückt. Unruhige Wünsche
und Hofnungen beschäftigten seine Phantasie.
Er entschuldigte Julien, und verdammte sie
auch gleich wieder. Er wünschte, daß sie
unschuldig seyn möchte, und war zugleich un-
willig, daß sie es nicht ist.

Der Policeyvorsteher erlaubte, Julien
sprechen zu dürfen. Mein Freund zitterte,
als wir uns dem Orte näherten, wo die Sün-
derinnen büßen. Ich folgte in angstvoller
Erwartung. Die Thüre öfnete sich, und
Julie sank zur Erde.

Noch muß nicht alle Tugend von dir gewichen seyn, dachte ich bey diesem Anblicke.
Du wirst durch die Gegenwart desjenigen erschüttert, den du durch deine Treulosigkeit beleidiget hast.

Mein

Mein Freund hub Julien von der Erde auf. Aber diese wagte es nicht, ihre Augen zu öfnen.

„Man hat mir, sagte er, sehr viele „betrübte Neuigkeiten erzählt, da ich eben „im Begriffe war, meine Geliebte ewig mit „mir zu verbinden.„

Julie. Tretten sie zurück, Willhelm! tretten sie zurück. Ich habe meine Ehre verloren.

Willhelm. Diese Nachricht hat mir seit dem Augenblicke, da ich sie vernahm, alle Ruhe genommen. Ich wollte sie rechtfertigen; ich wünschte, es thun zu können. Nur diese Gefälligkeit noch, und sollte es auch die Letzte seyn, die sie denjenigen bezeigen können, der sie unaussprechlich liebte, sagen sie mir, Julie! wie kommen sie in dieses Unglück?

Julie. Ich sollte keinen Glauben verdienen. Aber, wenn sie je die Unschuld meines Herzens kannten; wenn sie je von meiner Tugend überzeuget waren: so bitte ich sie, mich anzuhören.

Will-

Willhelm. O könnte ich ihre Unschuld, ihre Tugend noch finden: Reden sie!

Julie. Ich kam, wie sie wissen, in das Haus meiner Verwandten. Unschuldig und unerfahren konnte ich mir die Gefahren, die meiner Tugend in diesem Hause drohten, nicht vorstellen. Wir hatten alle Abende Besuche von Mannspersonen, und meine Schwägerinn nahm sich in ihrer Gesellschaft Freyheiten heraus, die mein Gesicht mit Schamröthe überzogen. Man lachte über meine Albernheit, und es fehlte nicht anjungen Leuten, die mir mit schmeichelhaften Reitzen das Gift böser Grundsätze beybrachten. Man bemühte sich, meine Melancholie, die sich von Tag zu Tag vermehrte, durch alle Abwechslungen der Lustbarkeiten zu zerstreuen. Wie wenig Mühe kostet es, in Augenblicken, wo die Sinne durch eigne Künste gereht werden, ein unbewachtes Gemüth zu verführen! Meine Unschuld — (ein Thränenstrom brach aus ihren Augen, und die Worte brachen im Munde)

Willhelm. Ihre Unschuld?

Julie.

Julie. Gieng in einer Nacht verloren, deren Andenken mir alle Tage meines Lebens mit unaussprechlichen Qualen verbittert. Der Bösewicht wählte zu seinem abscheulichen Bubenstück den Zeitpunkt, wo ich meiner Sinne nicht mächtig war.

Willhelm. Und wie gieng es nachher?

Julie. Ich war untröstbar über meinen Verlust. Ich wollte alle Tage entfliehen. Allein die List meiner Schwägerinn verhinderte meine Flucht. Ich wurde von einer Krankheit überfallen. O, hätte ich diese Tage nicht mehr erlebet! Mein Wunsch war es alle Tage. Ich hatte keine Freude mehr zum Leben. Ich genaß zu neuen Kränkungen. Ein Sohn, den nun der Himmel zu sich nahm, war das Zeugniß meiner verlornen Tugend.

Willhelm. O Tugend, Tugend! welch ein theurer Schatz bist du! Und ach, wie muthwillig wirft man dich weg!

Julie. Meine Tugend ward nicht muthwillig weggeworfen. Man entriß sie mir mit Gewalt. Ich entfloh meiner Schwägerinn zur Zeit, als mir die Gefahr zum zweyten-
male

male drohte. Rechtschaffene Leute hatten vor
mir einen Abscheu. Ich wagte es nicht, nach
Hause zu reisen, aus Furcht, denienigen,
den ich auch in meinem Elende noch unaussprechlich liebte, zu beleidigen. Dienstlos
kam ich in einen unbilligen Verdacht, und da
ich einige Zeit mit einem Mädchen, welches,
wie ich erst nachher vernahm, unerlaubte Gewerbe trieb, einen vertrauten Umgang hatte,
wurde ich an diesen Ort, wo sie mich in meiner Schande sehen, hieher gebracht.

Willhelm. Sie verdienen mein Mitleiden, liebe Julie! Und ich sehe, daß ich
mich in den Vorwürfen, die ich ihrer Ehre
machen wollte, übereilet haben würde.

✻✻✻✻✻✻✻✻✻✻✻✻✻✻✻✻✻✻✻✻

VI.

Der erwünschte Ausgang.

—

Willhelm fieng mit dem Schicksal seiner
unglücklichen Geliebten sich wieder zu versöh-
nen

nen an. Er schloß sie in seine Arme und küßte die Thränen weg, die aus ihren Augen quollen.

Welcher Anblick konnte mir freudiger seyn, als die Umarmung zweyer Liebenden, die sich versöhnten! Ich nahm den lebhaftesten Antheil an dieser Begebenheit, und konnte nicht umhin, das Unglück derjenigen Mädchen zu bedauren, welche in großen Städten oft ohne ihre Schuld von dem Strome des Verderbens fortgerissen werden. Es giebt zu viele Gelegenheiten, zu viele Beyspiele, als daß die Schwachheit der Jugend allemal der süßen Gewalt der Verführung Widerstand thun könnte, besonders zu einer Zeit, wo die Mode, sich mit dem Frauenzimmer ohne Mäßigkeit zu belustigen, unter den Mannspersonen allgemein herrschend ist.

Wir verließen Julien, und kehrten unverzüglich wieder zum Policeymeister zurück. Wilhelm verlangte Juliens Loslassung, die ihm auch, nachdem er seine Absichten erklärte, bewilligt wurde. Noch diesen Tag reißte er mit seiner Braut nach Hause.

Möge

Möge ein ewiger Frieden die Tage ihres Lebens krönen! Ich wünsche die Freude meiner Mitmenschen, und genüße einen Theil des Glückes mit, das meine Brüder trift. Wilhelm und Julie! unter euch soll das Vergangene vergessen, und das Gegenwärtige ohne Bitterkeit genoßen werden. Ihr sollet ohne kränkende Vorwürfe, ohne Verachtung, Hand in Hand die Pfade eures Lebens durchwandeln.

Wie aufrichtig ist mein Wunsch, und wie unschuldig meine Freude, euch versöhnet in den Armen der Freundschaft und Liebe zu sehen!

VII.

Skizze aus der Geschichte
meiner Jugend.

Freund meiner Jugend! der du die Trübsale meiner damaligen Stunden mit mir theiltest,

teſt, der du, gleich mir, dem Elend, und dem muthwilligen Spiele des unfreundlichſten Schickſales überlaſſen wareſt, erinnere dich, wenn du dieſes leſen wirſt, iener einſamen und traurigen Spaziergänge, wo wir aus Furcht, uns zu betrüben, oft unſre Noth verſchwiegen. Ich gehe noch oft die Stelle vorüber, wo wir einſt ſaßen, und uns wechſelsweiſe die Geſchichte unſrer Drangſalen mittheilten. Ich verweile mit Kummer an den Plätzen, die unſre Klagen hörten, und ich ſuche in den Gegenden, wo unſre Thränen den Boden begoſſen, oft vergebens nach den Blumen der Freude.

O mein Freund! Es iſt in glücklichern Tagen eine Freude, manchmal in die zurück gelegten Pfade des Unglücks, zurück zu ſehen. Ich habe durch mein eignes Unglück gelernet, wie groß die Anſprüche der Menſchheit an Erbarmen und Mitleiden ſind. Ich reiche nun jeden, der fiel, gerne die Hand, um ihm aufzuhelfen, und ich ſchäme mich nicht, dem, der unter ſeiner Laſt erlieget, einen Theil derſelben abzunehmen. Wie viele Mittel bietet das Unglück dem Menſchen dar, um weiſe zu werden!

Ich

Ich hatte damals in jeder Wochen drey Tage, da ich nichts zu essen hatte. Mein mageres Einkommen gestattete mir keine bessere Wirthschaft. Der Himmel weiß es, daß ich mich oft aus Müdigkeit und Hunger lange vor Sonnenuntergang zu Bette legte. Ich hörte in meiner Nachbarschaft den Lärmen der Gastereien, und weinte. Ich schäme mich meiner Thränen nicht.

Was mir in diesen Umständen vorzüglich schwer fiel, war die persönliche Verachtung, die man damals jeden, der wenig zu essen, keine schöne Kleider, und keine Windbeuteleien hatte, zu erzeigen gewohnt war. Ich weis nicht, woher es kömmt, daß mir die Verachtung so empfindlich ins Herz greift. Ich gab jenen, der mich verächtlich ansprach, keine Antwort, und ich würde in solchen Fällen selbst meiner ersten Obrigkeit getrozet haben.

Ich hatte von den Vorzügen der Menschen immer meine besondern Grillen. Verdienstloser Adel, und verdienstloser Reichthum hatten in meinen Augen keinen Werth, und ich schätzte den Mann, der Verstand und Menschlichkeit hatte, immer höher, als den, der

der bey seinen hohen Orden, und gehäuften Schätzen ein Dummkopf oder Schurk war. Kann man wohl billiger über die Vorzüge der Menschen denken?

Ich muß hier der Großmuth einer baierischen Dame erwähnen, die mir in meinen dürftigsten Umständen durch eine dritte Hand Geld zuschickte. Ich habe diese edle Dame nie gekannt, und auch sie wird mich vermuthlich nicht kennen. Aber mein Dank wird doch immer lebhaft seyn. O könnte ich ihr ein ewiges Denkmal meiner Dankbarkeit errichten! Wie ehrwürdig ist der Adel des Herzens! Wie groß der Ruhm edler Handlungen.

Zu dieser Zeit war die Bildung meines Verstandes und Herzens einzig mir überlassen. Wie bald machte ich die Entdeckung, daß die meisten Wissenschaften, die ich in den Schulen lernte, weder zur Aufklärung des Verstandes, noch zur Bildung des Herzens etwas beytrugen! Ich mußte mir ein eignes System bauen, nach welchen ich in der Zukunft denken und handeln sollte. Ich glaubte viele Irrthümer zu sehen, und bemühte mich, die Wahrheit zu suchen. Verhüte der Himmel,

E

mel, daß ich nicht in die Hände der Inquisition gerathe! Ich würde um der Wahrheit willen die Teufelskappe aufsetzen, und den Scheiterhaufen besteigen müßen. —

Wie froh bin ich, harte Dinge erfahren zu haben! Man gelangt im Unglücke zu Kenntnissen, deren Werth nicht zu bezahlen ist. Ich habe in meinen einsamen Spaziergängen zur Zeit, wo andere junge Leute bey Spiel und Trunk die kostbare Zeit verschwendeten, den Grund zu einer Denkungsart geleget, die die Dauer meines Lebens aushalten wird. O! ich habe oft mitten in meinen Kummer Trostgründe gefühlt, die mich nun in allen übrigen Zufällen, welche die Hand des Himmels über mich schicken kann, beruhigen werden.

Ach du theurer Freund meiner Jugend! Hierinn liegt die Quelle der Weisheit verborgen. Diese Lehrmeisterinn unsers Lebens, deren Vorschriften man so selten befolget, zeiget uns die Wege zum Glück. Ohne ihre Leitung sind wir ewig dem Kampf der Unruhen ausgesetzt. Verderbliche Leidenschaften zerstören das Glück unsers Lebens, und wo die Weis-

Weisheit zu fliehen anfängt, da sind wir im
Begriffe, wahnsinnig zu werden. Wie wenige Klagen mißvergnügter Sterblichen würde man hören, wenn man im Glück und Unglück stets der wohlmeynenden Stimme der
Weisheit folgte!

Aber so taumeln wir ewig auf dem Schau-
platze des Lebens umher, ohne zu Sinnen zu
kommen, und nur dann, wenn alle Rettung
zu späte ist, verschwindet unsre Trunkenheit.
Wir wachen erst auf, wenn wir schon in den
Abgrund zu stürzen anfangen.

VIII.

Die Gräber.

Hier sehe ich den Stolz gedemüthiget, und
den Hochmut gebeugt. Der Arme hat hier
seinen Lohn, und der Unglückliche seine Ruhe gefunden. Erröthet ihr Sterblichen, wenn

E 2   ihr

ihr auf den Gräbern eurer Mitmenschen um-
hergeht. Sehet die Nichtigkeit eurer Thorheiten. Der Mann, der unter diesem Grabe nun ruht, gieng, da er noch lebte, mit
stolzem Fuß auf den Häuptern seiner Zeitgenossen dahin. Er sprach mit dem Armen,
dessen Asche gleich neben ihm hier liegt, nicht
anders, als durch halbverschloßne Thüren
Worte, deren Grausamkeit dem Unglücklichen Thränen auspreßten. Er hielt theure Gast-
male, und noch theurere Maitressen. Er ließ
sich von dreysig Sklaven bedienen, und fuhr
mit sechs Pferden in einen goldenen Wagen.
So lange er lebte, schien er von allen Vergnügungen der Sinne berauscht zu seyn. Er
verachtete, was unter seinem Stande war,
und beleidigte mit unmenschlichem Hochmut
alle Pflichten der Menschheit.

Sehet die Nichtigkeit seiner Thorheiten.
Er ist nun die Speise der Würmer, und der
für ihn verlornen Tage kömmt nun keiner
mehr zurück. Er muß zu seiner Qual an der
Seite des Armen faulen, den er in seinem
Leben verachtete.

Größe und Niedrigkeit, Reichthum und
Ar-

Armuth! welche elende Träumereien der Menschen seyd ihr! Ihr blendet, so lange Licht vorhanden ist, und verschwindet, wenn dieses erlöscht, in ewige Finsternisse.

Da sind nun die traurigen Reste von tausend Geschlechtern, und ach! von einigen wurden sogar auch die traurigen Reste ein Raub der Vermoderung. Von der Nachwelt vergessen ruhet das Verdienst hier, und der Tugend wird kein Denkmal errichtet.

Wer sollte das Loos der Sterblichkeit nicht beweinen! Jeder Tag, jede Stunde, jede Minute wird ein Raub der Vergänglichkeit. Kostbar ist der Werth der Zeit. Kein Augenblick kömmt zurück.

Was verdient demnach die Wünsche des Menschen, wenn alles dem Loose der Sterblichkeit unterworfen ist?

Die Tugend, Freunde! die Tugend. Diese hebt sich aus der Zerstörung empor, und theilt ihre Dauer mit der Gottheit. Die Tugend ist unsterblich. Keine Zeit kann den Ruhm des Tugendhaften zerstören.

Ich

Ich stund so zwischen den Gräbern meiner Vorältern, und überließ mich der Schwermut, welche der Anblick der Zerstörung über mein Gemüth verbreitete: als ich auf der andern Seite einen Leichenzug herbey kommen sah. Ich gieng an den Ort, wo die Leiche begraben werden sollte.

xxxxxxxxxxxxxxxxxxxxxxxxxxxxxxxxxx

IX.

Die Begräbniß.

▬

Ein einsamer, unbesuchter Platz, war die Ruhestätte des Verblichenen. Man trug die Leiche herbey. Niemand, als ein alter Mann, folgte derselben. Der Priester, die Träger, und der Todtengräber nahmen gleichen Antheil an einer Handlung, die so feyerlich, und für einen Mann von Gefühl so wichtig ist. Die Träger luden ihre Last ab. Der Priester machte seine Ceremonien mit einer Gleich-
gültig-

gültigkeit, die mich schmerzte. Man eilte, die Leiche zu versenken. In einem Augenblick war sie mit Erde bedekt.

Der alte Mann, der als Kläger dem Leichenzug folgte, konnte den Regungen des heftigsten Schmerzens nicht Einhalt thun. Die Knie brachen ihm, und er fiel auf den Leichenstein, neben welchen er stund. Die Kirchendiener eilten davon, und in einem Augenblick war ich, und der alte Mann, die einzigen noch, die an die Leiche dachten.

Also wird man so schnell von seinen Mitmenschen vergessen? Wird keine Thräne mehr an den Ort geweint, wo wir die Beute der Vergänglichkeit werden? Ach! vielleicht warst du der Thränen deines Zeitalters werth. Vielleicht hast du ewige Denkmäler, ewigen Ruhm verdient.

Die

X.

Die Geschichte des Todten.

—

Der Mann, der mich nun vor sich stehen sah, erhub sich, ergrief meine Hand, und führte mich an das Grab seines Freundes.

„Sehen sie, sagte er mit allem Ausdrucke des Schmerzens, hier ruht nun die Leiche eines Mannes, der, so lange er lebte, den grausamsten Verfolgungen des Schicksals unterworfen war. Ich hatte Niemand, den ich mehr liebte, als ihn, und mir kann nichts geraubt werden, dessen Verlust mich mehr schmerzte, als der Verlust dieses unglücklichen und liebenswürdigen Freundes. Ach, du edler Mann! Nun bist du mir entrissen! Nun genießt du den Lohn deiner Unglücksfälle. Ein ewiger Frieden ward dir von der Hand des Himmels bestimmt.„

Wenn sie der Mann sind, der bey dem Un-

Unglück grosser Menschen gerühret wird, weil sie sich der Thränen nicht schämen, die man dem Andenken ehrwürdiger Freunde schenket; so folgen sie mir, ich will ihnen die Geschichte des Todten erzählen.

Mit dankbarer Rührung drückte ich seine Hand, und folgte ihm, nachdem wir noch einmal der Asche des Unglücklichen eine ewige Ruhe wünschten.

„Wir waren, fieng er an, als ich auf seinem Zimmer war, wir waren schon in unserer Kindheit Freunde. Wir genossen den nämlichen Unterricht. Wir wuchsen unter gleicher Pflege auf. Ehrenfried, so hieß er, hatte vorzügliche Gaben des Geistes, lebhaften Verstand, und Güte des Herzens. Er rückte in den Wissenschaften, in welchen er unterrichtet wurde, mit bewunderungswürdiger Geschwindigkeit fort. Er war allen unerreichbar, und wo Andere erst anfiengen, da hatte ers schon geendet. „

Um diese Zeit entwickelte sich sein Verstand. Er bekam Bücher in die Hände, welche ihm die Geheimnisse einer philosophischen

E 5   Den-

Denkungsart aufdeckten. Er fühlte die Un-
zulänglichkeit seiner Schulwissenschaft, und
sah, daß nunmehr alle Bildung einzig von
ihm abhange.

O! wäre sein Verstand weniger aufgeklärt, und die Fiebern seines Herzens weniger empfindsam geworden! Welchen Verfolgungen setzte ihn die Aufklärung seines Verstandes aus! Welches Elend bereitete ihm
die Güte seines Herzens! —

Damals war nichts gefährlicher, als
aufgeklärt zu denken, und nach den Grundsätzen einer aufgeklärten Denkungsart zu reden und zu handeln. Wem seine Ruhe lieb
war, der schwieg, und wer nicht in den Ge-
fängnissen verfaulen wollte, der bezeigte den
Thorheiten und Irrthümern seines Zeitalters
eine Hochachtung, die man einzig nur der
Vernunft und Wahrheit schuldig gewesen wäre. Es war die Zahl der Idioten ungewöhnlich groß, und die wenigen Gutgesinnten durf-
ten sich, wenn sie unter mehr, als vier Augen stunden, kaum ansehen. Die Intoleranz war grausam, und durfte man eher un-
gestraft die heiligsten Gesetze der Menschheit
belei-

beleidigen, als den Lieblingsirrthümern der
Idioten zu nahe tretten. Ihr Geschrey war
entsetzlich.

Ehrenfried, der aus seinen Büchern,
und aus eignem Nachdenken eine ganz entge-
gengesezte Denkungsart schöpfte, wurde, da
er die Unvorsichtigkeit begieng, seine Meynung zu sagen, das Opfer ihrer ungezähmten
Wuth.

„Welche waren denn seine Meynungen?„
fragte ich.

Hier in dieser Schrift (er reichte mir eine
Abhandlung über die Geheimniße der Philosophie) werden sie den Geist seiner Denkungsart, und die Seltenheit seiner Meynungen
finden. Nehmen sie diese mit sich nach
Hause, und hören sie weiter, was Ehrenfried widerfuhr, als diese Schrift ans Tageslicht trat.

Der ganze Senat der Idioten gerieth
in Gährung. Man verdammte die Schrift,
ohne sie verstanden zu haben. Denn wie
sollte man glauben können, daß ein Idiot die
Geheimniße der Philosophie gleich im ersten

An-

Anblicke verstehen sollte? — Man rief den
Verfasser vor Gericht, und legte ihm einen ge-
treuen Auszug seiner Gotteslästerungen, Ketze-
reien, und Irrthümer vor, die man in seiner
Schrift gefunden zu haben glaubte. Vergebens berief sich Ehrenfried auf den Ausspruch
einer gesunden Menschenvernunft.

„Die Vernunft ist sündhaft,„ sagten
die Idioten.

„Die Vernunft ist das einzige kostbare Ge-
schenk, welches der Schöpfer der menschlichen
Natur zum Beweise einer höhern, als thieri-
schen Bestimmung gab, erwiederte Ehrenfried.
Wer von diesem Geschenke nicht den weisesten
Gebrauch macht, der verdient nicht die edlen
Vorrechte eines vernünftigen Wesens.

„Die Vernunft ist sündhaft,„ schrien
die Idioten abermals mit einem Gepolter,
welches auch dem beherztesten allen Muth würde benommen haben.

„Aber ich bitte, gnädige Herren!„ lesen
Sie doch —

Wir habens gelesen die Scharteke. Ein
Gottesläugner ist Er, schrie der Senat aus
vollem

vollem Halſe. Sein Proceß iſt entſchieden. Er iſt eine Peſt des Staats. Man muß ihn aus dem Wege räumen.

Wer nie ſelbſt einer ähnlichen Inquiſition unterworfen war, kann ſich das Schreckbare dieſes Gerichts nur halb vorſtellen. Die Freude der Idioten iſt unbeſchreiblich, wenn ihnen ein Proceß von dieſer Art in die Hände kömmt. Nicht einmal ihres Bruders würden ſie ſchonen, wenn er das Unglück hätte, in den Verdacht widriger Meynungen zu gerathen. Sie vertheidigen die Sache ihrer Religion mit einem Eifer, der keine Geſetze der Menſchlichkeit, keine Vorſchriften einer weiſen Duldung kennet. Dieſe iſt ihnen ein verhaßtes Idol des Unglaubens, und ſie ſchreien entſetzlich über Indifferentiſmus in Dingen, welche zum unmittelbaren Heil der Seelen, und, wie ſie zu ſagen belieben, ſelbſt zur Sicherheit der Staaten gehören.

Ehrenfried wurde, bis ſein Proceß durch alle Juſtizcollegien lief, wie ein Verbrecher, ſeiner Freyheit beraubet. Neun Monate mußte er im Gefängniße auf den Ausgang ſeiner Sache warten. Dieſer erfolgte, und Ehren-

Ehrenfried wurde, als eine Pest des Staats,
auf ewig des Landes verwiesen.

So weit kam es mit seiner Aufklärung.
Wer ihn verstanden hatte, der beweinte sein
Geschick. Aber um ihn in Schutz zu nehmen,
dazu war man zu furchtsam.

XI.

Etwas von den Geheimnißen der Philosophie.

Den übrigen Theil der Geschichte wollen
wir morgen fortsetzen, sagte er, wenn sie mir
die Ehre geben wollen, mich auf meinem Zimmer zu besuchen.

Von Herzen gerne, erwiederte ich, und
gieng, und konnte vor Begierde, die Abhandlung über die Geheimnisse der Philosophie zu
lesen, kaum früh genug meine Wohnung erreichen.

reichen. Ich öfnete sie öfters unter Wegs, und verbarg sie auch gleich wieder, wenn ich in der Ferne einen Mann auf mich zukommen sah, der etwa die Geheimnisse der Philosophie eben so wenig verstehen möchte, als die Joiaten, welche den Verfasser derselben auf ewig des Landes verwiesen.

Ich verriegelte meine Thüre, um nicht gestöret zu werden, und las bis an den Morgen in der Abhandlung.

Meine Leser werden wohl auch neugierig seyn, zu wissen, was ich gelesen habe? — Guten Leute, es waren Geheimnisse, nicht so unergründlich, als die Geheimnisse der Adepten, aber weit wichtiger; Geheimnisse, zu deren Entdeckung man keine Feuerproben, keine chymischen Operationen nöthig hat; zu welchen man einzig durch aufrichtige Bemühungen, sich, und die Natur kennen zu lernen, durch den weisen Gebrauch seines Verstandes, und durch andere Mittel gelangen kann, die eben so einfach, so begreiflich, als die ersten, sind.

„Aber die Geheimnisse möchten wir doch wissen! —„

Ich

Ich bitte euch, fordert von mir keine solche Entdeckung. Noch sind die Zeiten nicht vorhanden, wo man ohne Aergerniß die Sprache der Philosophie reden dürfte. Männer, deren Einsichten bereits den möglichsten Grad der Erleuchtung erhalten haben, würden das, was Ehrenfried in seiner Abhandlung schrieb, nun nicht mehr für Geheimniße halten. Denn wie sollte ihnen die Wahrheit unbekannt seyn, daß die Weisheit einzig das Glück des Menschen in sich begreiffe? — Alberne Köpfe, in denen noch finstere Irrthümer spucken, würden über die Entdeckung dieser Geheimnisse einen gewaltigen Lärmen anfangen, und allgemein über den Verfall der religiösen Frömmigkeit klagen. Ich bin also weniger der Gefahr ausgesetzt, durch die Bekanntmachung der philosophischen Geheimnisse die Waffen der intoleranten Kämpfer gegen mich zu rüsten. Wem es aber aufrichtig um die Aufklärung seines Verstandes zu thun ist, dem will ich die Abhandlung schon auf eine Art mittheilen, welche uns Beyde vor den Verfolgungen unsrer Inquisition sicher stellen wird.

Ju-

Indeß will ich hier doch eine Stelle an-
führen, welche mit besonders merkwürdig
schien.

„Der Gebrauch, den die Menschen von
„ihrem Leben machen, schreibt Ehrenfried,
„erreicht selten die Absicht, selbes glücklich
„zu machen. Ich habe die Zeit meines Le-
„bens, die ich nun als ein stiller Beobachter
„der menschlichen Thorheiten zubringe, so
„selten das gefunden, was ich mir in meinen
„angenehmen Träumen vom Glück des Men-
„schen vorstellte. Noch hat die Weisheit
„die Gemüther der Sterblichen nicht dahin ge-
„führt, wo sie, was sie suchen, auch finden
„würden. Auf welchen Abwegen befindet
„sich das Bestreben der Menschen zum Glück!
„Wie sehr verkennen sie den Werth der Tu-
„gend! in welchem falschen Lichte betrachten
„sie diese himmlische Schöne!„

„Das ganze moralische Leben der Men-
„schen, scheint das Spiel der Leidenschaften
„zu seyn. In diesem Wirbel werden alle
„Handlungen verschlungen. O, möchten sie
„von diesen weniger zu ihrem Verderben als
„zum Guten geleitet werden!„

F   „Ich

„Ich weis nicht, was mich so unzählige-
„mal an die Wahrheit erinnert, daß der
„Mensch dem besten Gebrauch von seinem Le-
„ben nur dann macht, wenn er den klugen
„Vorschriften der Weisheit folget. Hierinn
„besteht wohl auch die ganze Kunst zu leben,
„und alle Geheimnisse der Philosophie beziehen
„sich auf diese Wahrheit. Aber so lange es
„Gesellschaften giebt, wo grosse Leidenschaf-
„ten grosse Begebenheiten hervorbringen, wo
„die Ruhmsucht alle Wege zur Erhöhung ver-
„sucht, und der Wucher die Schätze der Ar-
„men zu seinem Ueberflusse hinwirft, wird
„meine Theorie von weisem Gebrauch des Le-
„bens ewig nur ein Traum bleiben. Das
„Jahrhundert ist nun einmal von der unglück-
„lichen Thorheit, schimmern zu wollen, an-
„gesteckt, und die Schulmeister des Men-
„schengeschlechts werden wohl thun, wenn
„sie ihre Theorien auf iene Zeiten zurück be-
„halten, wo neue Revolutionen unsrer Lage
„eine neue Wendung geben werden — wo
„die Unschuld der Sitten wieder in kleinen
„Hüten wohnen, und kein herrsüchtiger Held
„die fruchtbaren Gefilde mit Menschenblut
„düngen wird; wo sich die Bande der Men-
„schen-

„schenliebe fester schließen, und keine unruhi-
„gen Begierden zum Schaden der Gesellschaft
„erwachen werden; wo man den Menschen
„wieder in seiner ursprünglichen Einfalt von
„den kostbaren Ausschweifungen der Sinne
„entfernt, und in dem Stand sehen wird,
„wo alle schädlichen Leidenschaften schweigen,
„und nur Genügsamkeit, und die stillen Freu-
„den der Eintracht und Liebe sein Herz erfül-
„len werden. „ —

Diese Stelle giebt nicht undeutlich zu
verstehen, daß das sittliche Verderben der
Menschen bereits eine Höhe erreicht habe, wo-
von es nicht anders, als durch irgend eine
grosse Revolution herabgebracht werden kann.
Man bemerkt, wenn man mit Scharfsinn
die gegenwärtige Lage unsrer politischen Geschichte ins Auge faßt, eine Gährung, welche dem prophetischen Geiste eines Philosophen
den Stoff zu wunderlichen Träumen darbietet. Selbst die Geschichte längst vergeßner
Jahrhunderte bestätiget den Grund gewisser
Vermuthungen, und es ist keine Grille, wenn
wir unser Geschick mit dem Geschick gefalle-
ner Nationen vergleichen. Es erinnert uns
alles an das Loos der Vergänglichkeit. —

F 2   XII.

XII.

Fortſetzung der Geſchichte des Todten.

=

Den andern Morgen machte ich mich wieder auf den Wege zu meinem Freund, um von ihm das fernere Schickſal des Todten zu erfahren. Ich dankte ihm für die mitgetheilte Abhandlung, und bezeigte meine Freude über den Innhalt derſelben. Er aber ſetzte die Geſchichten ſeines Freundes auf folgende Weiſe fort.

„Ich begleitete meinen verbannten Freund, ſo weit es meine Umſtände geſtatteten. An der Grenze unſers Vaterlandes nahm ich unter Thränen und Umarmungen den betrübteſten Abſchied von ihm. Ich wies ihn an Provinzen, wo ich glaubte, daß in ſelben mehr Aufklärung, und weniger Intoleranz, als in unſerm Vaterlande, herrſchen ſollte.„

Die

Die Briefe, die ich die erſten Jahre von ihm erhielt, beſtättigten leider nur gar zu ſehr die betrübte Wahrheit, daß es, was die wahre Aufklärung des Geiſtes betrift, auch an andern Orten der Welt noch viele Finſterniſſe gebe. Noch ſind igewiſſe Wahrheiten verhaßt, und es dürfte zu wichtigen Veränderungen kommen, wenn die Stimme derſelben einmüthig von den Geſchlechtern ganzer Nationen gehört würde.

Ehrenfrieds Offenherzigkeit wurde ihm oft empfindlich genug vergolten. Er hatte ſeine ihm ganz eigne Art, den Werth der Gegenſtände, die vor ſeinen Augen waren, zu beurtheilen. Er konnte ſich nicht bereden, daß es bey gewiſſen Gelegenheiten auch rathſam ſey, von der weiſſen Farbe zu ſagen, daß ſie ſchwarz, grün, roth oder blau ſey, ſondern er behauptete in aller Gutherzigkeit nie etwas anders, als was ſeine Augen ſahen, und ſein Herz fühlte.

Dadurch verdarb ſich der gute Mann oft ſelbſt ſein Glück. Wenn ein anſehnlicher Mann eben im Begriffe war, den armen Ver-

F 3

banntnen

bannten in seinen Schutz zu nehmen, so machte sich dieser auch allemal durch die Aeusserung
einer Denkungsart verhaßt, die nicht die Denkungsart aller Leute war. So tugendhaft
und gerecht seine Handlungen waren: so wenig schien man doch mit der Gerechtigkeit und
Edelmüthigkeit seiner Worte zufrieden zu seyn.

So war sein Leben immer eine Flucht.
Er hatte keine Ruhe. Was er auf seinen
Wanderschaften für Ungemach duldete, kann
mit Wörten nicht ausgedrückt werden. Keine Rosen waren auf seinen Weg gestreuet,
und keine lieblichen Gerüche verbreiteten in
den Gefilden, die er durchwandelte, Leben
und Freude. Er sah oft traurige Bilder des
Todes; aber es war ihm alles willkommen,
was ihm auf dem Wege seiner Betrübnisse begegnete. Er aß von den Früchten der Bäume, und labte sich mit dem Trank trüber Quellen. Er gieng gerne in der Gesellschaft unglücklicher Menschen, und suchte die Freundschaft derselben.

Um diese Zeit erhielt ich keinen Brief
mehr von ihm. Ich wußte den Ort seines
Aufent-

Aufenthalts nicht, und konnte nichts anders
befürchten, als daß er nun schon lange gestor-
ben seyn müßte.

Ein wunderbares Geschick zog mich ebenfalls
aus meinem Vaterlande, und führte mich an
den Ort, wo sie mich nun sehen.

Hier lebte ich einige Zeit, und ehrte täglich durch ein stilles Gebet das Andenken meines unglücklichen Freundes, dessen Schicksal
mir so lange Zeit verborgen war, als mir ihn
ein seltsamer Zufall unvermuthet wieder in
die Hände gab.

Aber schrecklicher Anblick! Ein kleiner
Knab führte den alten Greisen hinter sich an
einem Stecken. Er war seiner Augen beraubet, und lebte von der Wohlthätigkeit derjenigen, welche aus Erbarmen und aus Ehrfurcht gegen sein graues Haupt, und gegen
seinen gebeugten Rücken ihm Münze und
Brodsaamen in seinen Hut warfen.

O! ich erinnere mich des schrecklichen Au-
genblickes, wo ich meinen unglücklichen Freund
erkannte, noch immer mit allen Regungen des

F 4

hef-

heftigsten Schmerzens. Es war an einem heissen Sommermittag. Der arme Mann hatte, um dem Ungestümm der schwülen Hitze auszuweichen, sich auf die Vortreppe meines Hauses gesetzet. Ich kam eben nach Hause, als ihm der kleine Knab ein Stückchen Brod reichte, welches der Unglückliche gegen sein Mund hielt, indeß etliche Thränen über seine ehrwürdigen Wangen rollten, und sein sparsames Mittagmahl befeuchteten. Er nahm das Brod in dem Augenblicke, da er es essen wollte, vom Mund, brach es in zwey Stücke, und gab es dem Kleinen. „O, dich hätte ich bald vergessen, „mein Kind! Du hast ja doch auch Hunger, „wie dein Vater„?

„Ach, esset doch, Vater! Es ist ohne„hin nur ein kleines Stückchen. Esset doch, „ich will schon etwas bekommen,„ sagte der kleine Knab, und nahm seinen Hut vom Kopfe, als er mich wahrnahm, und wollte seinen Vater weiter rücken, daß ich Platz haben sollte, in mein Haus zu kommen.„

Wer ist dein Vater? fragte ich den Kleinen.

Der

Der Kleine. Ach! ein armer blinder Mann,

Ich. Wo ist euer Vaterland?

Der Alte. O! ich wurde aus meinem Vaterlande schon in meiner Jugend verbannet.

Ich. Was habt ihr doch verbrochen, daß ihr euer Vaterland verlassen mußtet?

Der Alte. Lieber Gott! ich will mein Verbrechen lieber verschweigen, als offenbaren. Aber ich versichere, so wahr ich meines Lichts beraubt bin, ich habe keine einzige Pflicht der Tugend beleidiget. Ich war nicht ungerecht, nicht undankbar. Ich begieng keinen Mord, und verführte keine Unschuld. Ich war auch kein Empörer, der dem Frieden meines Vaterlandes Gefahr drohte. O, könnte ich den einzigen Freund meines Herzens finden, der mir damals zur Seite gieng! Er könnte mein Verbrechen entdecken. Aber ich will schweigen.

Ich. Hattet ihr auch einen Freund? In welchem Lande?

Der

Der Alte.   In —

Ich.   Ehrenfried!

Ich hieng an seinem Hals, Freude und Schmerz zerrissen die Ruhe meines Herzens. „Unglücklicher Freund! rief ich, mußte ich „die Freude erleben, dich noch vor meinem „Ende zu finden, um mit grausamen Schmer- „zen über die Lage deiner bedaurungswürdi- „gen Umstände zu erstaunen! „

Ich hub meinen unglücklichen Freund von der Erde, und trug ihn unter Thränen auf dieses Zimmer hieher. Wie sollte ich ihnen den Zustand unsrer Gemüther lebhaft genug schildern können! Wir drückten uns mit ängstlichen Stillschweigen an unsre Her- zen, und mir war es eben so lang, ihn um die Ursache seines grausamen Elendes zu fra- gen, als es ihm schwer ward, mir so viele Unglücksfälle zu erzählen, und sein Herz mit der Erinnerung jener Begebenheiten zu ver- wunden, welche er schon längst zu vergessen wünschte. Er streckte seine Hände aus, und grif in der Luft umher, als wollte er noch eine Stütze, noch eine Freude zum Leben finden.

finden. Er zog seinen Sohn zu sich, und legte die eine Hand auf die Schulter desselben, indeß er mit der andern über sein graues Haupt fuhr.

„O mein theurer, unvergeßlicher Freund! fieng er endlich an, welche tiefe Wunden muß ich aufreissen, um ihnen meine unglückliche Begebenheit zu erzählen!„

Zur Zeit, als sie meine letzten Briefe erhielten, zoh mich ein Mensch, der ein ausgesuchtes Muster der Bosheit war, durch seinen gefälligen Umgang auf seine Seite. Ich hatte schon vieles erfahren, aber es war mir immer noch unbegreiflich, wie man von der Tugend und Weisheit so entzückt sprechen, und dabey doch so lasterhaft, und thöricht handeln könne. Ihm vertraute ich mein Innerstes, ich entdeckte ihm mein Schicksal, meine Meynungen, meine Geheimniße; er nannte mich einen Martyrer der Wahrheit; er küßte und umarmte mich auf öfentlichen Strassen. Er schien einer erhabnen Denkungsart fähig zu seyn, und dieß war für mich genug, ihn liebenswürdig zu finden. Sein einziger Fehler, mit dem ich unmöglich zufrieden seyn
konn-

konnte, war seine Liebe zur Ausschweifung.
Allein auch diesen verbarg er vor meinen Augen. Ich hatte erst nachher vernommen, daß
er ganze Nächte in den verdächtigsten Plätzen
geschwelget habe.

Unsre Freundschaft war so groß, daß es
beynahe die ganze Stadt wußte. Er bezahl-
te meine Kost, meine Wohnung, und kleide-
te mich. Indeß hörte ich oft sehr mißliche
Klagen über meinen Freund; ja es gab Leute, die mich öfentlich bedauerten, daß ich das
Unglück hätte, mit diesem Menschen bekannt
zu seyn. „Er wäre, hieß es, ein Bandit,
„ein Mensch, von dessen Charackter man
„weiter nichts wisse, als daß er privatisire,
„die Leute betrüge, die Unschuldigen ver-
„führe. ꝛc. „

Ich wüßte nicht, was ich in so einer zwei-
felhaften Lage thun sollte. Mir war es
theils unmöglich, von demjenigen, der so
tugendhaft schien, diese abscheulichen Beschuldigungen zu glauben, theils brachte mich auch
die Redlichkeit derjenigen, von welchen ich
diese hörte, zu einem sehr unangenehmen
Nachdenken. Aber wie tief, wie unergründlich

lich sind die Tücken eines bösen Herzens! Ich wurde in meinem Schlafe, da mich eben ein süßer Traum entzückte, von einigen Gerichts= dienern aus meinem Bette geschlept, fortge= führt, und ohne ein Wort von mir anzuhö= ren, in ein schreckbares Gefängniß geworfen.

Ich weis noch bis diese Stunde mein Verbrechen nicht, ob man mich gleich folter= te. Nach martervollen Leiden, nach den schimpflichsten Mißhandlungen, und in einem Zustande, dessen Schilderung die Natur erschüttern könnte, wurde ich entlich wieder in meine Freyheit gesetzt. Hier vernahm ich, daß mein vermeynter Freund mit einer grossen Schuldenlast entflohen, und bey seiner Flucht ein Billet an die Policey in seinem Zimmer habe liegen lassen, worinn er mich eines Meuchelmords, der um diese Zeit an einem reichen Edelmann verübt wurde, beschuldigte. „Er habe, hieß es, diese Entdeckung ma= „chen müssen, um seinem Gewissen Ruhe zu „verschaffen. Er hätte allein von dieser „schwarzen That gewußt. ꝛc. „

Ich gieng in mein Elend. Ohne Aus= sichten streifte ich nun weider die Welt durch.

Harte

Harte Wege mußte ich betretten. Kein
Freund, kein Geld, keine Gesundheit. Wer
grausamen Herzens war: ließ mich in meinem Elende auf der Strassen liegen, und wer
noch von den Gefühlen der Menschheit durchdrungen war, erbarmte sich meiner. Man
führte mich von einem Dorfe ins andere. Die
Reichen schämten sich meiner Armuth, und
die Armen konnten nichts, als ihre Dürftigkeit mit mir theilen. O mein Freund! warum mußte nur der Mensch so schwerer Pla-
gen fähig seyn? Warum ist nur er allein
das verlassenste, hilfloseste Geschöpfe auf
Gottes Welt?

Eine gänzliche Zerrüttung meiner Gesundheit brachte mich in ein Krankenhaus.
Hier sah ich den Tod täglich vor mir. An
meiner Seite starben viele Kranke. Ich
wünschte, ihnen folgen zu dürfen. Das
Röcheln und Jammern der Sterbenden war
schrecklich. Schauderhafte Auftritte setzten
mein Gemüth in eine ungewöhnliche Bewegung. Ich lernte das fürchterlichste aller
Uebeln kennen.

Ich

Ich erhielt meine Gesundheit wieder, um die grausamen Unbilden, die mir noch ferners das Schicksal zufügte, ganz ausdulden zu können. Ich hatte, als ich das Krankenhaus verließ, keine Hofnung, weiter kommen zu können. In einer mißantropischen Stunde, faßte ich den Entschluß, Soldat zu werden. Was muß nicht ein gebildeter, vernünftiger Mensch in diesem Stande für Unbilden aushalten! Jeder, der aus Unfähigkeit zu andern Diensten von einer zärtlichen Mutter in eine militärische Obrigkeitsstelle eingekauft wird, nimmt sich unverschämt das unbillige Recht heraus, den armen, gemeinen Mann mißhandeln zu dürfen. Es ist unausstehlich, zu sehen, wie Knaben mit betagten Männern verfahren.

Ich ertrug mein Geschick mit der Gelassenheit eines Mannes, dem schon viele widrige Zufälle begegneten.

Nun komme ich auf denjenigen Theil meiner Geschichte, welcher vielleicht einer der merkwürdigsten ist. Ach! mein gegenwärtiges Elend hat hier seinen Ursprung. Ich kann

kann mich nur mit Entsetzen daran erinnern.
Rücke näher, mein Sohn! und höre die Geschichte deiner schlimmen Mutter.

Hier drückte er den kleinen Knaben näher an sein Herz, ließ sein Haupt sinken, und
fuhr in seiner Erzählung auf folgende Weise fort:

„Zu welchen Fehltritten hat mich mein
gutes, oder vielmehr schwaches Herz verleitet! Wie sehr betrog ich mich in meinen erhabnen Begriffen der menschlichen Tugenden? —

„In dem Hause, vor welchem ich öfters auf der Wache stund, wohnte ein Frauenzimmer, dessen Schönheit, ob mich gleich
mein Unglück beynahe empfindungslos machte, doch sehr lebhafte Eindrücke auf mein
Gemüth hatte. Ich weis nicht, wie es geschah. Ich erinnere mich nur, daß ich gemeiniglich sehr unruhige Wachen hatte. Mein
Gemüthszustand verursachte eine Melancholie
in mir, welche besonders zur Zeit, wo ich
mir selbst überlassen war, sehr sichtbar wurde. Der schmale, kurze Weg, den ich auf
und

und nieder zu gehen hatte, erweckte verschiedene Betrachtungen in mir, und ich war nie
geschickter, mich mit mir selbst zu unterhalten, als wenn ich in meiner militärischen Live-
rey diesen schmalen und kurzen Weg auf und
nieder wandelte.

„So gieng ich denn dahin mit kummervollen Herzen, ohne Trost, ohne Freude,
so, wie ein Mißvergnügter oft seine schmale,
und kurze Stube in unruhigen Gemüthsbewe-
gungen auf und nieder gehet; als ich das
schöne Frauenzimmer am Fenster erblickte.
Ich blieb stehen. Ihr Anblick hatte mich aus
meiner Lage gerissen. Ich vergaß diesen Augenblick mein Unglück, und empfand, daß
die Natur auch süße und freudige Gefühle
dem Menschen mitgetheilt habe. Das Glück
des Menschen wäre unvollständig, wenn ihm
der Genuß dieser Freuden vorenthalten würde. „

„Wir begegneten uns Beyde mit unsern
Blicken. Ich erschrack, und, ob das Frauenzimmer gelacht, oder meine Furcht mit Ernst
aufgenommen habe, das weis ich nicht zu entscheiden. So viel ist gewiß, daß ich diese

G   Stun-

Stunde noch öfters, und die folgende Tage, die ich auf diesem Posten Wache hatte, ganze Stunden dahin blickte, wo das schöne Frauenzimmer war. „

„Ich war freylich Soldat. Allein, die Bildung meines Geistes mag mir vielleicht die Vortheile verschaft haben, daß ich in meinem äußern Betragen iederzeit einen Anstand beobachtete, der mir zum wenigsten die Gewogenheit derienigen, die mich betrachteten, auf meine Seite zog. Es konnte gar leicht entdeckt werden, daß ich zu einer feinern Lebensart, als zum gemeinen Soldatenstand gebildet sey, und machten dieienigen, die dieses an mir bemerkten, nicht ohne Grund den Schluß, daß ich aus einem besondern Verhängniße zu diesem Stande müße gekommen seyn. „

„Das schöne Frauenzimmer hatte diese vortheilhafte Gesinnungen gegen mich. Sie kam eines Tages vor mein Schilterhauß, und fieng nach einigen Wendungen mich über mein Schicksal zu befragen an. Ihre gutherzige Miene, und ihre Reitze machten mich beredt. Ich

Ich erzählte ihr, was sie zu wissen verlangte, und war beynahe entzückt, eine weibliche Seele zu finden, auf welche mein Elend so grosse Eindrücke machte. Sie bedauerte mich mit einer Bewegung, die mich aus aller Fassung brachte.,,

,,Nach einiger Zeit gewann ich ihre Liebe, und ich erinnere mich der Freuden, die diese wohlthätige Leidenschaft meinem Herzen gewährte, noch immer mit aller Dankbarkeit. Ich fühlte die Last meines Elendes nicht mehr so schwer. Ich genoß manchmal das Glück, mir auf den Flügeln meiner lebhaften Phantasie glückliche Tage zu träumen. O, warum spielen die Menschen mit so heiligen Empfindungen! Warum verderben sie ihre Herzen, um der süßesten Wollust, der Freuden einer reinen Liebe, nicht mehr fähig zu seyn!

Das schöne Frauenzimmer beschäftigte nun ganz mein Herz. Sie that auch alles, mir das Unangenehme meiner gegenwärtigen Lage zu versüßen. Sie unterstützte mich von Zeit zu Zeit mit dem, was ich zur Bequemlichkeit meines Lebens nöthig hatte, und sie

G 2   ver-

verſprach ſogar, mir meinen Abſchieß zu erkau-
fen. Dieß geſchaß auch nach dem Tode ißres
Vaters, der ißr ein anſeßnliches Vermögen
hinterließ.

Wer war nun glücklicher, als ich! Ich
ßatte meine Freyßeit erhalten. Meine Liebe
wurde beloßnet. Wir ßeyratßeten, und dieſer Sohn hier, der iezt ſo elend, ſo unſchul-
dig elend iſt, war die Frucht unſrer glücklichen Umarmung.

Beßerrſcher der Welt, der du alles ſo
weiſe, ſo zum Veſten deiner Geſchöpfe regie-
reſt, warum mußteſ du dem Herzen des weib-
lichen Geſchlechtes ſo viele Wankelmutßigkeit
geben! — Meine Frau ßatte nach unſrer
vierjäßrigen Verbindung das Unglück, ſich
von einer Leidenſchaft gegen einen jungen Menſchen, der ſich als Privatiſirer in der Stadt
aufßielt, zu den grauſamſten Thaten verleiten zu laſſen. Meine Tage fiengen ſich damals mit Vorwürfen an, und endigten ſich
damit. Ich wurde von ißr mit einer Gering-
ſchätzung beßandelt, die mich äußerſt ſchmerz-
te. Ich mußte alle Schimpfe dulden. Endlich

lich kam die Sache so weit, daß ein ehrlieben-
der Mann nicht mehr schweigen konnte. Ich
beschwerte mich über das Betragen meiner
Frau bey der Obrigkeit. Man versprach
mir auch Schutz.

Aber nun will ich schweigen. Die uner-
hört grausame Rache, die meine Frau an
mir nahm, empfinde ich nun schon sieben
Jahre, und sie wird mich auch ins Grab noch
begleiten. Ich kann nicht mehr weinen,
denn mein Weib nahm mir die Quellen, wor-
aus meine Thränen fließen könnten. Aber
es ist schrecklich, an die Nacht zu denken, in
welcher sie die abscheuliche That an ihrem Ehe-
mann verübte.

XIII.

Ende dieser Geschichte.

Vielleicht werden einige Leser schon vermuthen, worinn die Rache, die das böse Weib

G 3 an

an ihrem Manne nahm, eigentlich bestund.
Wir haben Beyspiele von treulosen Weibern,
welche ihre Männer ermordeten, oder mit
Gift hinrichteten. Aber ich erinnere mich keiner That, die mit folgender könnte verglichen
werden.

Als eben ein tiefer Schlaf dem armen
Manne einige Augenblicke die Empfindung
seines Elendes raubte: schlich sich das verabscheuungswürdige Weib zum Bette ihres Mannes. Ach! er schlief so sanft. Er hatte die
eine Hand auf seinem Herzen, und die andere
hieng über die Bettstelle herunter. Sie zog
ein Messer hervor, und stach ihm beyde Augen aus —

Wer, der ein Mensch ist, kann dieses
schreckliche Gemälde ohne Schauder betrachten! Wer sollte vor den Folgen einer unmäs-
sigen Leidenschaft nicht zittern! Welche Fu-
rien werden das Gewissen dieses unmenschlichen Weibes zerfleischen!

Sie nahm nach dieser grausamen That die
Flucht mit dem schändlichen Ehebrecher, und
ließ

ließ ihren armen blinden Mann und ihr unschuldiges Kind, da sie alles Vermögen zusammengepackt und fortgeschickt hatte, in einer unbeschreiblichen Armuth zurücke. Der Schmerz des verstümmelten Mannes war unbeschreiblich. Einige Tage hatte er alle Sprache verloren, und sein Zustand war um so schrecklicher, da sein Kind vor Hunger und Schrecken weinte. Die guten Menschen, welche von dieser unglücklichen Geschichte hörten, brachten dem bedaurungswürdigen Manne und seinem Kinde zu essen. Aber er aß mit Unlust. Sein Herz war zerrissen, und sein Verstand gerieth in eine Verwirrung, welche für seine Gesundheit gefährliche Folgen hatte.

Wer war wohl unglücklicher, als dieser arme Mann? Seiner Augen beraubet, gieng er nun an dem Stecken hinter seinem Kinde nach. Er lebte von dem Almosen der Wohlthätigen, und verzehrte bis an das Ende seines Lebens das Brod des Kummers, und trank die Quelle der Bitterkeiten. Ach! wie erwünscht mußte dir das Ende deines Lebens seyn! Nun ruhst du auf den Gefilden, wo

G 4

alle

alle Kränkung aufhöret; nun sind deine Leiden vorüber. Ruhe sanft, Asche eines Mannes, der mit so vielen Verdiensten, mit so
aufgeklärtem Verstande und so gutem Herzen
das klägliche Spiel der grausamsten Zufälle
war.

Ich werde nie an dein Grab tretten, ohne mich deiner Trübsalen zu erinnern, und
was ich auch immer noch werde dulden müssen,
das will ich mit Gelassenheit dulden. Denn
da, wo du nun ruhest, ehrwürdiger Mann!
da hat es ein Ende genommen —

✕✕✕✕✕✕✕✕✕✕✕✕✕✕✕✕✕✕✕✕✕✕✕✕✕✕✕✕✕

XIV.

Nicht Adel und Reichthum ent-
scheiden das Verdienst des
Menschen.

=

Wie allgemein ist nicht der Hochmut des
Adels und Reichthums! Jeder, der von die-

sen zufälligen Geschenken einen Theil bekam,
eignet sich auch das höchst unbillige Recht zu,
den Geringen und Dürftigen verachten zu dürfen. Was aber noch betrübter ist, so gehet
die Thorheit dieser grausamen Eitelkeit schon
so weit, daß auch jene, welche vermöge ihres
Standes von den Grossen gering geschäzt werden, gleichen Uebermuth gegen denienigen Theil
ihrer Mitmenschen bezeigen, welche weniger
niedlich gekleidet, und weniger fähig sind,
durch Windbeuteleien ihre Armut zu verbergen. Wie oft hat der vernünftige Mann Gelegenheit, die Thorheit dieser abgeschmackten
Gecken zu belachen! Man kann, besonders
in grossen Städten, wo jede Thorheit bis zur
Ausschweifung getrieben wird, keinen Schritt
auf ofner Gasse thun, ohne einem seidnen Tau-
genichts zu begegnen. Allenthalben hüpfen
und trippeln diese elenden Geschöpfe umher,
und es geschehen gar selten öfentliche Zusam-
menkünfte, wo nicht ein Geck dieser Art zur
Ehre der gesitteten Aufklärung unsers philosophischen Jahrhunderts den ersten Rang be-
hauptet. Da sind denn gemeiniglich diese blöden Köpfe auch schöne Geister, und sie würden auf der Stelle bleich werden (wenn sie

G 5   auf

anders noch eine andere, als geschminkte Farbe hätten), so bald jemand so unvorsichtig
wäre, ihren glänzenden Talenten den höch-
sten Beyfall zu versagen. O, was nicht in
unsern Zeiten die schönen Geister, die mit ihrem Verstande, wie die Kinder mit ihren
Puppen, spielen, für eine lächerliche Figur
machen!

So sehr nun diese Leute die Empfindsam-
keit ihrer Seele bey allen Gelegenheiten zur
Schau stellen, so sehr sie gewohnt sind, sich
bey rauschenden Quellen in das Gras zu legen, und über badende Nymphen entzückt zu
werden; so wenig sind sie doch von den wahren Gefühlen der Menschlichkeit durchdrungen.
Sie sind die ersten, welche dem gemeinen Bürger, der mit aller seiner Einfalt, mit aller
seiner Rohheit dem Staate doch unentbehrliche Dienste leistet, ihren übertriebnen Hoch-
mitt empfinden lassen. Sie ziehen sich mit
Abscheu aus dem Gedränge arbeitsamer
Leute, und wenn ein Bettler ihnen begegnet,
(und, ach! wie viele begegnen einem in unsern Zeiten nicht!) so trillern sie empfindsame
Lieder, und gehen den Bettler vorüber, ohne
ihn eines Anblickes zu würdigen.

Wo

Wo seyd ihr, heilige Geseße der Menschheit? Wo verbrüdert ihr das ganze Men-
schengeschlecht mit Liebe und Wohlwollen?
Wo ist die Ehrfurcht gegen die Tugend, wo
man den äußerlichen Schmuck bewundert?
Ach! warum macht man dem Dürftigen seine
Armuth durch Verachtung doppelt empfindlich? Warum bemüht sich der Grosse durch
seinen geborgten Schimmer das Verdienst des
Kleinen zu verdunkeln? Leget eure Bänder,
eure Sterne, eure Neckereien, euren Putz
hinweg, entfernet euch von euren gehäuften
Schäßen, und vergleichet euch einmal mit
dem Armen, der, dieser zufälligen Vorzüge beraubet, mit der Gelassenheit eines Weisen
sein ungünstiges Schicksal duldet. Wie sehr
würdet ihr bey so einer Vergleichung erröthen!
Wie unrechtmäßig wären dann eure Ansprüche! Wie unmenschlich euer Hochmuth!

„Sehet, würde vielleicht der Arme dann sa-
„gen, sehet, mit welchem Unrecht wir Ar-
„me die Geringschäßung der Reichen dulden
„müssen! Ihr habet nichts, was euch ei-
„genthümlich angehöret. Eure Bänder,
„Eure Sterne, neuer Puß sind die Geschenke
„des

„des blinden Zufalls. Ihr könnet dersel-
„ben beraubet werden. Was bleibt euch dann
„übrig? Wo sind eure Verdienste? Wo
„ist euer Eigenthum? — Wenn euch eure
„Tugend keinen Werth giebt: so seyd ihr är-
„mer, als wir, die wir doch wenigstens in
„unsrer Dürftigkeit nie vergessen, daß wir
„Menschen sind — Hierinn bestehen die
„wahren Vorzüge. Nur rechtschaffene Ge-
„sinnungen, tugendhafte und gerechte Hand-
„lungen adeln die Seele des Menschen. Wir
„sind mit gleichen Rechten in die Gesellschaft
„der Menschen getreten. Wir werden auch
„in ähnlicher Gestalt aus derselben wieder
„treten. Ihr könnt dem Loose der Sterb-
„lichkeit nicht entweichen, und wie sollte
„euch schon der Gedanke demüthigen, daß
„ihr eben so, wie wir, einst ein Raub der
„Fäulniß seyn werdet! —

Es ist für einen Menschen, der gerne die
Züge der Freude, der Zufriedenheit, des Glückes in dem Antlitze seiner Mitbrüder zu sehen
wünschte, ein sehr kläglicher Anblick, die
Menge der Unglücklichen täglich vor seinen
Augen gebeugt dahin schleichen zu sehen. Es
ist

ift unbegreiflich, wie, man bey grossen Gastereien, wo die Verschwendung aufs höchste getrieben wird, das Wehklagen der um trock-
nes Brod bittenden Menschen hören kann,
ohne erschüttert zu werden. Es ist unbegreiflich, wie ganze Gesellschaften bey Musik und
Spiel scherzen und schwelgen können, ohne
sich mit Kummer an die Unglücklichen zu erinnern, die in den Stunden allgemeiner Freu-
denfeste in ihren finstern Winkeln ihr Elend
beweinen. O grausame Gleichgültigkeit gegen die heiligen Rechte der Menschheit!
Warum erbarmet man sich der Unglücklichen
nicht? Warum schlägt man durch Verachtung den Muth der Schwachen vollends zu
Boden?

Ach! es ist nur eine Luftblase, was uns
mit so grausamen Hochmuth begeistert. Alle
Schminken des Glückes verbleichen. Wir sind
uns allen ähnlich. Nur der Gerechte hat den
Vorzug, wenn die Thaten in der Hand des
Himmels gewogen werden. So lasset uns
dann stets die so unendlich wichtige Wahrheit
empfinden, daß nur die wahre Tugend das
Gemüth des Menschen adle, und daß alle
Ge-

Geſchenke des Zufalls nicht unſer Eigenthum bleiben werden. Laſſet uns empfinden, daß der Unglückliche unſers Mitleides, unſrer Hilfe; der Geringe unſrer Achtung, und der Schwache unſrer Unterſtützung würdig ſey. Entfernen wir doch einmal unſre eingebildeten Begriffe von Größe und Anſehen, und lieben wir eher das wahre Verdienſt, als geborgte, geerbte, oder erkaufte Ehre. Nicht Adel und Reichthum entſcheiden über das Verdienſt des Menſchen. Es kömmt aus unſerm Geiſte, was den Ruhm der Zeitgenoſſen und den Beyfall des Himmels verdienet.

* *

XV.

Philipp und Marie,

oder

die glückliche Familie.

Die ihr bey vielen Glücksgütern ſo ſelten das beſte Gut, die Zufriedenheit, findet; die ihr

ihr an den Töchtern reicher Eltern oft zänkische, eitle, unvernünftige und treulose Frauen erheyrathet: lernet hier das Glück eines genügsamen und weisen Lebens kennen. Mancher Mann und manches Weib fangen die Tage ihres Elendes von jenem Augenblicke zu zählen an, wo sie vor dem Altar des Herrn sich ewige Treue und Liebe schwuren. O, wie oft wird dieser Schwur bereuet, wie oft wird er gebrochen! „O, hätte ich in meinem Leben nie geheyrathet! —„ So seufzen Männer; so seufzen Frauen.

Philipp war ein bescheidner, junger Mensch. Er wurde in Gesellschaften, wo gute Sitten galten, wohl geduldet, und man bezeigte gegen sein vernünftiges Betragen alle Hochschätzung. Er war keiner von denjenigen, welche sich durch unbescheidnes Großthun die Bewunderung der Thoren, und die Verachtung der Vernünftigen zuziehen. Er suchte mehr den Ruhm eines verständigen, als eines gallanten Menschen. Aus dieser Ursache er auch ganz unbesorgt war, ob sein Rock von feinem, ausländischem, oder von grobem inländischen Tuche war, ob er zwo Uhren,

Uhren, oder gar keine tragen sollte, ob er gegen jedes Frauenzimmer ein freyes Betragen, oder einen gesitteten Anstand bezeigen müßte.

An dem Orte, dessen Gesellschaft Philipp öfters besuchte, war Marie Dienstmagd; ein gesundes, frohes Mädchen, das, um zu gefallen, keiner geschminkten Schönheit nöthig hatte. Sie diente mit Fleiß und Redlichkeit, und erwarb sich die Zeit, die sie von ihrem Heymath entfernt war, alle iene nützlichen Kenntnisse, welche einer guten Hauswirthinn unentbehrlich sind.

Marie, die ihrer Eltern schon in ihrer Kindheit beraubet wurde, gerieth in die Hände ihrer Vormünder. Was das arme Kind da leiden mußte, übersteiget beynahe allen Glauben. Es war keine harte Arbeit, die sie nicht verrichten mußte. In der strengsten Kälte, ohne gute Kleidung, mit einer äusserst sparsamen Kost wurde sie gezwungen, unter freyem Himmel zu arbeiten: Man schlug sie unaufhörlich, und der harten Worte waren nie ein Ende.

Als

Als sie eben über so eine unbillige Miß-
handlung weinte, fand sie ein Bürgerssohn
eines benachbarten Städtchens in ihren Thränen. Dieser Anblick rührte ihn. Er be-
fragte sie um die Ursache ihres Weinens, und
als sie mit neuen Thränen zu erzählen anfieng,
daß sie ihre Eltern schon in der Wiege verloren, daß man sie und ihre Geschwistere durch
die Ränke einer unheiligen Justiz um ihre vä-
terliche Erbschaft gebracht, und aus ihrem
eignen Hause verstossen habe; daß sie hierauf
zu diesen Anverwandten hieher sey gebracht
worden, wo sie denn bis diese Stunde, gleich
dem Viehe, harte Dinge erfahren müssen:
als sie dieses erzählte, nahm sie der gute Bürgerssohn mit dem lebhaftesten Ausdrucke des
Mitleidens bey der Hand, und fragte, ob sie
nicht bey seinen Eltern, die gewiß menschli-her
mit ihr verfahren würden, dienen möchte.
Marie war entzückt über diese Frage. Sie
lud ihre Lumpen auf den Rücken und folgte
mit freudigen Vorstellungen ihrem Erretter.

Die Eltern waren mit Marien wohl zufrieden. Sie glaubte, wenn sie sich des Ver-

H   gan-

gangenen erinnerte, nun im Himmel zu seyn.
Sie war unermüdet in ihren Geschäften, und
man konnte sich in allen Fällen auf ihre Redlichkeit verlassen. Ich glaubte, diese vorläu-
fige Jugendgeschichte der Marie vorausschicken
zu müssen, weil sie auch vorzüglich ihrem Cha-
raktere zur Ehre gereicht.

Sie war fünf und zwanzig Jahre alt,
als sie in dem Orte diente, wo Philipp öfters
sich einfand. Ihre guten Gesinnungen, ihr
unschuldiges Betragen und ihre vernünftige
Denkungsart machte auf diesen einen Eindruck, der endlich zu einer leidenschaftlichen
Liebe wurde. Marie war eben so für ihn ein-
genommen. Sie wurde zwar von vielen Seiten mit Liebeserklärungen geplaget; aber sie
wich denselben auf eine Art aus, welche den
muthwilligen Mannspersonen zu ferneren Bemühungen, ihre Ehre auf die Probe zu setzen,
allen Muth benahm. Sie liebte Philipps be-
scheidene Stille; ihm schenkte sie ihr Zutrauen,
und ihm theilte sie alle Angelegenheiten ihres
Herzens mit. Vielleicht liebte noch nie ein
Paar sich zärtlicher, als Philipp und Marie
sich liebten.

Die

Die Aussichten, auf welchen Philipp sei=
nen künftigen Glücksumständen entgegen se=
hen konnte, waren für ihn eben nicht gar
helle. Er mußte mit seinem Verstande ar=
beiten, und wie konnte er da bey der allgemei=
nen Geringschätzung vorzüglicher Talente hof=
fen, daß er jemals ein grosses Vermögen er=
werben werde. Indeß war sein geringes Ein=
kommen doch hinlänglich, zwo Personen zu
ernähren, die mit weiser Mäßigkeit, ohne
Geräusch, in Genügsamkeit und Frieden zu
leben entschlossen sind.

Als er eben auf den Gedanken fiel, Ma=
rien einen Vorschlag zur Heyrath zu machen,
both ihr ein reicher Landwirth seine Hand an.
Dieser Mann, der schon sechzig Jahre alt war,
hatte rohe Sitten, eine mürrische Laune, und
überhaupt nichts an seinem ganzen Charakter,
welches einem jungen Mädchen Liebe einflös=
sen könnte. Gleichwohl drang er unaufhör=
lich in Marien, sich zu erklären, und er be=
stach, um eher zu seinem Zwecke zu gelangen,
etliche ausgelernte Kupplerinnen, ihm zu sei=
nen Absichten zu verhelfen. Marie entdeckte

H 2 die

die Verlegenheit, in welche sie gutmeynende Nachbarinnen durch ihre Vorschläge setzten, dem Freund ihres Herzens. „Wenn Sie, setzte sie am Ende hinzu, bey unsrer Liebe jemals redliche Absichten hatten: so bitte ich, helfen Sie mir aus meiner Verlegenheit.„

Philipp. Wie könnte ich andere, als redliche Absichten haben, meine liebe Freundin! Ich hoffe, sie werden mir Gerechtigkeit widerfahren lassen. Was nun die gegenwärtige Verlegenheit betrift: so kömmt es einzig auf ihren Willen an. Ein reicher Mann bietet ihnen seine Hand an. Sie haben, wenn sie diese nicht ausschlagen, wenigstens den Vortheil, eine vermögliche Frau zu werden, welche keine Naßrungssorgen, und lange nicht den Kummer zu befürchten hat, der sie drücken würde, wenn sie einen armen Menschen heyratheten. Ich wünsche ihnen für ihr ganzes Leben Glück, meine Freundinn!

Marie. Grausamer Freund! wie können sie mein ohnehin angstvolles Herz noch mehr zerreissen! So glauben sie, daß ich mit der Hand eines Mannes glücklich seyn würde,

würde, gegen welchen ich keine Liebe empfinde?

Philipp. Die gewöhnlichsten Ehen werden eben so, wie diese, geschlossen; und die Beyspiele unglücklicher Ehen, welche durch die Liebe geschahen, sind zu viel, als daß der Kluge nicht mit aller möglichen Vorsicht diesen Schritt wagen sollte. Ich bitte sie, bedenken sie meine Umstände. Ich bin nicht im Stande, ihnen alle die Vortheile zu verschaffen, welche sich ihnen durch eine vermögliche Heyrath anbieten. Wie glücklich wäre ich, wenn ich ihre Wünsche befriedigen könnte! Gewiß war doch immer mein Wunsch, sie glücklich zu machen. Aber meine Umstände zwangen mich bis hieher immer, meine Wünsche einzuschränken.

Marie. Sie müssen mich immer in einem sehr falschen Lichte betrachtet haben, wenn sie fürchten, an mir eine Gattinn zu bekommen, die sich in das Wenige, was die Güte des Himmels uns bescheeren sollte, nicht zu schicken wüßte. Es mag vielleicht Frauen geben, die ihre Männer, und wenn sie auch

H 3   mehrere

mehrere tausend Thaler jährliche Einkünfte
hätten, doch durch ihre Eitelkeit, durch ihre
Verschwendung, durch ihre böse Hauswirth-
schaft zu Grunde richten. Aber — ich danke
es dem harten Geschicke meiner Jugend — ich
habe die Kunst gelernt, mit Wenigem zufrieden zu seyn. Ich war nie des Ueberflusses gewohnt, und ich glaube, die Zufriedenheit han-
ge nicht von dem Reichthume, sondern von
der Ruhe unsrer Herzen ab — Eben so wenig fürchte ich auch, daß sie jemals ihre der-
malige Gesinnungen ändern würden. Ich
stelle mir vor, daß sie ihrer Gattinn durch
nächtliche Ausschweifungen, durch Spiel und
unmäßigen Trunk nie das Unentbehrliche entziehen werden. Und was sollte dann fehlen,
um die glücklichsten Geschöpfe der Welt zu
werden, wenn wir uns bis an das Ende unsers Lebens stets wechselweise bemühen, uns
einander mit Treue und Liebe die Bürden unsrer Tage tragen zu helfen!

Philipp. O meine liebenswürdige
Freundinn! die Edelmüthigkeit ihrer Gesinnungen rühret mein Herz. Auch ich biete ihnen

nen meine Hand dar. Sie wissen meine Umstände. Wählen sie.

Marie. Die Wahl ist entschieden, und
ich bin glücklich mit der Hand desjenigen, den
ich unaussprechlich liebe.

So wurde die Ehe zur Aergerniß der
Kupplerinnen und des Landwirths unter zwo
Personen geschlossen, welche sich liebten. Die
milzsüchtigen Frauen wünschten Marien Unglück, und die zügellosen Schwärmer bedaue-
ten, daß Philipp die Thorheit begangen habe, sich in die Sklaverey der Ehe zu be-
geben.

Aber Philipp und Marie fiengen die Tage
ihres Glückes an. Sie lebten in stiller Genügsamkeit, und da sie keine Wünsche zu ge-
räuschvollen Vergnügungen, keine Begierden
nach den theuren Freuden der grossen Welt
hatten, so reichte ihnen ihr mäßiges Einkommen genugsam zu den unentbehrlichsten Bedürfnissen ihres Lebens. Marie war weit entfernet, nach dem Beyspiele ihres Zeitalters
die Eitelkeit des Frauenvolks durch überflüßi-
ge Kleiderpracht nachzuahmen. Sie war

H 4 nicht

nicht prächtig, aber rein und artig gekleidet:
so wie sich auch Philipp nicht schämte, mit
einem wohlfeilen Ueberrock auf die Gasse zu
gehen. Marie suchte sich auch durch ihre Hand-
arbeit Verdienst zu erwerben. Sie strickte
und nähte, und es war eine Freude, eine Familie zu sehen, die sich so emsig bestrebte, ihr
Fortkommen zu suchen. Der Himmel, der
den Fleiß der Sterblichen belohnet, segnete
ihre Bemühungen, und sie hatten sich in dem
ersten Jahre ihrer Ehe schon so viel ersparet,
daß sie ohne irgend ein anders Verdienst die
Bedürfnisse eines ganzes Jahres hätten bestreiten können.

Aber Marie legte, als eine gute Hauswirthinn, das Ersparte zurück, um es in Un-
glücksfällen, in Krankheiten, oder andern
Beschwernissen des Lebens benützen zu können.

Nun wurde sie auch von einem Sohne
entbunden. Mit welcher entzückender Freude
drückte der Vater die Frucht seiner Liebe an's
Herze! Mit welcher mütterlicher Zärtlichkeit blickte die Mutter auf die Belohnung ihrer Schmerzen! —

„Auch

„Auch für dich wird der Himmel seinen Segen uns geben,„ sagte Marie, und hub ihre Hände dahin, woher alles Gute kömmt.

Der Vater, als ein verständiger Mann, besorgte die Erziehung seines Sohnes mit allem Ernste. Er unterrichtete ihn frühzeitig in den unentbehrlichsten Kenntnissen der Jugend, und da der Knabe große Fähigkeiten zeigte, war die Freude und der Eifer seines Vaters unbeschreiblich. Er hatte bey seinem Unterrichte die Absicht, einen Mann zu bilden, der einst durch gute Grundsätze dem Verderbnisse eines heillosen Zeitalters entweichen könnte. Die Pflichten der Rechtschaffenheit sollten immer das erste Augenmerk eines Erziehers seyn. Es ist unbeschreiblich viel daran gelegen, die Sprache der innern Redlichkeit in die Gemüther der Menschen zu legen, dadurch wird wenigstens der öffentliche Bürger dahin gebracht, daß er mehr durch seine innere Ueberzeugung, als durch Zwangsmittel zum Guten geleitet wird.

Der Vater machte seinen Sohn mit der Naturgeschichte bekannt. Welche unerschöpfliche

H 5

liche Quelle menschlicher Kenntnisse ist nicht
diese einzige Wissenschaft! Wie sehr bringt
sie unsern Verstand in Ordnung! Wie ge-
schickt ist sie, uns die Erhabenheit des Urhe-
bers der Natur zu zeigen! So sehr sie unserm Geiste Unterhaltung verschaffet: so sehr
erhöhet sie auch unsre Begriffe.

Eben so machte er ihn auch auf die politi-
sche und moralische Geschichte der Welt auf-
merksam. Er legte das Gemälde vergange-
ner Zeiten vor seine Augen, und gab sich eine
besondere Mühe, in seinem Sohne eine scharfe und gründliche Beurtheilungskraft zu er-
wecken. Er stellte ihm allemal die Begebenheiten voriger Jahrhunderte in ienem Lichte
dar, welches zugleich die Begebenheiten des
Gegenwärtigen beleuchtete. Welche angenehme Unterhaltung ist es nicht für fähige Köpfe,
in die vergeßnen Tage der Vorzeit zurück zu
blicken, und die Thorheit und Weisheit unsrer
Voreltern zu betrachten!

Philipps Sohn wurde durch gute Erziehung, und vorzüglich durch die weise Pflege
seiner Talente schon frühzeitig ein liebenswür-

diger

diger Mann. Sein Vater und seine Mutter, die bis an das Ende ihres Lebens in friedlicher Liebe lebten, sahen sich in ihrem Alter für alle ihre Sorgen und Bemühungen belohnet. O, wer beschreibet das beneidenswerthe Glück dieser Familie! Liebe, Eintracht und Weisheit gründeten ihr dauerhaftes Wohlseyn. Alles vereinigte sich, das Glück der Tugendhaften zu vollenden.

XVI.

Der unglückliche Mönch.

—

Wie bedaurungswürdig ist das Schicksal derjenigen, die sich, ohne ihre Kräften geprüft zu haben, dem Joche des Mönchthums unterwarfen, und erst zur Zeit, wo alle Rettung vergebens ist, die Schwere ihrer Bürden zu empfinden anfangen! Es ist für gewisse Stände allemal ein Unglück, wenn sie aufgeklärt werden, und die Zufriedenheit, welche die Glieder dieser Stände genießen, hat
oft

oft nichts anders zum Grunde, als Unwissenheit. Ich kenne Mönche, welchen ihre Unwissenheit so wohl behaget, daß sie fett werden. Ihre Gleichgültigkeit gegen alles, was den Verstand eines denkenden Mannes beschäftiget, verschaffet ihren Begierden jene Ruhe, in welcher alle ihre Seelenkräfte einschlummern.

Aber unglücklicher sind diejenigen, deren Geist zum Nachdenken gebracht wird. Sie werden, sobald sie aus der Sphäre mönchischer Wissenschaften herausblicken, eine Menge Gegenstände gewahr, welche ihre Begierden peinigen. Sie haschen nach den frohen Bildern der Freude, die ihnen wieder in dem Augenblicke, wo sie von ihrer Jagd zurückkehren, entrissen werden.

Pater Martin, mein unglücklicher Freund, hat mir, seit er Mönch ist, Briefe geschrieben, welche mit schauderhaften Gemälden sein Unglück schildern. Zum Trost mißvergnügter Mönche, und zur Warnung derjenigen, welche eben den Weg zum Klosterleben wandern,

dern, will ich diese rührende Briefe dem Leser
mittheilen.

Erster Brief.

Mein theurer Freund,

Nun sind es bereits sieben Jahre, seit
ich das Unglück hatte, die Klostergelübde ab-
zulegen. Ich kam, wie Sie wissen, sehr
jung in das Kloster. Meine einzige Wissenschaft bestund in demjenigen, was ich auf
Schulen von Mönchen lernte. Die Einge-
schränktheit meiner damaligen Lebensart entzog mir die Kenntnisse der Welt. Ich hatte
keine Begriffe von den Pflichten, die ich der
bürgerlichen Gesellschaft schuldig war; ja ich
kannte sogar diejenigen nicht, die mich selbst
betraffen. Die moralischen Grundsätze, die
man mir in meiner Jugend beybrachte, hatten keinen andern Endzweck, als mir einen un-
widerstehlichen Abscheu gegen alle Weltfreu-
den, und eine lebhafte Neigung gegen die
Visionen frommer Mönche einzuflößen. Bis
zur

zur Schwärmerey wurden meine Andächte-
leien getrieben. Man predigte mir unaufhörlich von dem Vorschmack himmlischer Freuden, und man nahm alle Ascesen zu Hilfe,
mich vom Irrdischen zu entfernen, und mit
den gottseligen Freuden des Himmlischen zu
vermählen.

O, wie unglücklich machte mich diese
fromme Erziehung! Sie verschloß mir die
Augen, als ich aus der bürgerlichen Gesellschaft trat. Ich wurde in meiner unseligen
Blindheit, wie ein unschuldiges Schlachtop-
fer hieher gebracht. Das Entzücken meiner
Eltern, und die Freude meiner Mitbrüder
war unbeschreiblich. Man glaubte, mich in
den Himmel zu führen, und nun empfinde ich
die Qualen der Hölle.

O, mein Freund! Sie sollten mich nun
sehen; einem fürchterlichen Gespenste gleich
schleiche ich durch die dunkeln Hallen meines
jammervollen Aufenthalts. Ich bin mir
selbst zu einer unerträglichen Last. Ich hasse
das Licht, um meine abgezehrte Gestalt nicht

zu

zu erblicken. Ich fliehe, wenn mir einer
meiner Mitbrüder begegnet, um ihm keine
greulichen Vorwürfe machen zu dürfen. Ich
habe keine Lust zu beten. Manchmal in den
Nächten, die ich schlaflos auf meiner Matra-
ze mit folternder Angst durchwache, steigt ein
innbrünstiges Gebet in die Höhe, aber ein
Gebet, über dessen Innhalt vielleicht der
Himmel zittern mag.

Warum kann ich nicht, wie mein Mit-
bruder, dessen Zelle gleich nach der meinigen
kömmt, so glücklich, so zufrieden mit meinem
Stande seyn? Warum bin ich so mager,
und er so wohlbeleibt geworden? Er schlenzet
mit innigem Wohlbehagen seine abgemeßnen
Schritte dahin, indeß ich bald geschwind,
bald langsam von einer Stelle in die andere
schleiche. An mir ist keine Gesundheit, keine
Freude zum Leben mehr. Er aber blühet,
und ein immer neuer Frühling scheint auf seinen Wangen hervor zu gehen. Er wird von
keinem andern Gegenstande, als der auf seinen Bauch einen Bezug hat, in Bewegung
gesetzt, und ich — ach ich hefte auf jede Miene meine kummervollen Blicke. Ich beschäf-
tige

tige meinen Geist mit allen den Gegenständen, die mich umringen. Ich suche die Stellen, die meine Betrübnisse immer erneuern, und setze mich auf einsame Plätze, um den Verlust meiner Freuden zu beweinen ꝛc.

Zweiter Brief.

P — den 18 May 17 —

Mein Freund,

Sie fragen, was den Grund zu meinem Elende gelegt habe? — Ach, mich hat das Aufwachen meiner Vernunft um die Ruhe meines Herzens gebracht! Ein seltsamer Vorfall!

Ich hatte meine Pröfeßgelübde mit eben der Gleichgültigkeit abgelegt, mit welcher ich ein Jahr vorhin durch die Klosterporte gieng. Ich weis mich beynahe meines damaligen Gemüthszustandes nicht mehr zu erinnern. So viel ist gewiß, daß ich von allen dem, was man mir vorsagte, nichts verstund. Ich hatte die abscheulichen Kaprizen meines Novizenmeisters mit Gelassenheit geduldet, weil ich dadurch

dadurch nach der Anweisung meiner ascetischen Erziehung am ehesten zur christlichen Vollkommenheit und besonders zu dem Ruhme eines heiligmäßigen Ordensmannes zu gelangen hofte. Dieß ward mir auch in allen meinen Meditationen, in allen meinen Beschten und Disciplinen mit schlauer Beredsamkeit eingepredigt.

Nun wurde mir auch die Philosophie und Theologie der Mönche aufgedrungen. O mein Freund! wie wurde ich mit ihrer Dogmatik, mit ihrer Moral geplaget! Bis zum Eckel wurde mein Gedächtniß mit Schriftstellen und Texten der heiligen Väter überladen. Alle Worte der Bibel wurden mißbrauchet. Man zwang den Verstand derselben zum Vortheile schrecklicher Irrthümer in verschiedene Formen. Die Wuth, sich über jede Kleinigkeit auf Schrifttexte zu berufen, war unbeschreiblich, und man konnte kein vollkommener Theolog seyn, ohne auch die abgeschmacktesten Meynungen mit biblischen Worten beweisen zu können. * Ich füllte also

* In den gegenwärtigen Zeiten, wo die Toleranz unsers ruhmwürdigsten und größten

J   Kai

also mein Gedächtniß mit der unendlichen
Menge der Gegenstände, welche in der Dogmatik und Moral abgehandelt werden, und
wurde nun Priester.

Das Gerücht von der grossen Gährung
im Reiche der Wissenschaften drang auch in
meine Zelle. So sehr ich der Welt abge-
storben war: so konnte ich doch meiner Neigung, in diesem Stücke auch Einsicht zu ver-
langen, nicht widerstehen, besonders da einige meiner Mitbrüder, wenn von Litteratur
und Aufklärung die Rede war, sehr andächtig ihre Augen gegen den Himmel erhuben,
und

Kaisers den Theologen viel zu schaffen giebt,
wird mit den Bibeltexten erschrecklich ge-
fochten, und es stehet zu befürchten, daß
dieses Gefecht zum Schaden des menschlichen Verstandes, der doch auch über menschliche und göttliche Dinge zu sprechen hat,
ausfallen werde. Wenigstens sieht man in
den Schriften, welche mit Texten angefüllt
sind, sehr selten die Spuren eines aufgeklärten Verstandes. Die Schriften, welche
über die Ohrenbeicht erscheinen, geben hie-
von nicht undeutliche Beweise.

und den Verfall der Religion und die Bosheit der Satanskinder beseufzten.

Ich schäfte mir in der Stille einige Bücher an, über deren ärgerlichen Innhalt das
Geschrey meiner Conventualen am stärksten
war.

In dieser Periode fiengen sich die Tage
meines Elendes an.   Wie schrecklich sah ich
mich betrogen!   Wie wurde mein Verstand
getäuschet, und mein Herz verführet!   Ich
las die Schriften unsrer berühmten Männer;
ich verglich den Geist ihrer Denkungsart mit
dem Geist der unsrigen; ich fand ihre Moral
der Vernunft gemäß; und die unsere schien
mir eher für Charibten, als für Menschen
zu gehören, welche unter sittlichen und gebil-
deten Gesellschaften leben.   Ach, wie bald
waren meine Visionen, meine frommen Träu-
me verschwunden!   Mein Verstand entwickelte sich durch Hilfe meines eignen Nachden-
kens; aber zu was könnte dessen Licht anders
dienen, als das schreckliche Elend meines
Standes zu beleuchten?

Ich muß es gestehen, daß mir die Lektüre
auch frohe Stunden verschafte.   Es ist eine

angenehme Unterhaltung, zu sehen, was
Verstand und Witz zu leisten im Stande sind.
Man wird über Schriften entzückt, die mit
den Reizen einer höhern Beredsamkeit uns
den wahren Gebrauch des Lebens, die Bestimmung unsers Daseyns und die Pflichten
der Tugend und Weisheit schildern. Man
empfindet eine süße Lust, wenn die rührende
Sprache des Herzens uns trift, und wir ver-
setzen uns mit angenehmen Entzücken in die
Stellen, wo die Glücklichen unter dem Segen
des Himmels ein genügsames und tugendhaf-
tes Leben führen.

Aber die Wirkungen, die die Lektüre in
meinem Gemüthe zurück ließ, waren um so
schrecklicher. Ich fieng an, mit meinem
Stande unzufrieden zu werden. Ich empfand
die Unbilligkeit unsers Despotismus, die Thorheit unsrer Gebräuche, den Mißbrauch unsrer
Seelenkräfte. Unsre Beschäftignng war unwürdig. Wir waren der menschlichen Gesellschaft zur Last. Ich fühlte meine Unbrauch-
barkeit als Mönch, und konnte als Mensch
nicht mehr zurück tretten. Was sollen unsre
Wissenschaften seyn, mit denen wir so viel

Aufhe-

Aufhebens machen? Lächerlich werden wir mit unsern litterarischen Bemühungen. Der Geist des Monachismus steckt in den meisten Schriften der Mönche. Keine wahre Philosophie, kein Geist einer aufgeklärten Denkungsart, kein Zug einer schönen Natur ist unsern Werken kennbar. Wir sind vorhanden, den Grund der Gebäude, die eben aufgeführt werden, zu untergraben. Wir eifern nicht für die Ehre der Wahrheit, sondern für die Vortheile derjenigen, die die Schwachheiten der Menschen benützten, und die abscheulichsten Irrthümer und Mißbräuche zu unerschöpflichen Quellen ihres Ansehens und ihres Reichthums machten.

Ich habe über diese Bemerkungen alle meine Ruhe verloren. Ich konnte meine Denkungsart nicht verbergen. Ich konnte über den Greuel nicht schweigen, und zog mir durch meine Liebe zur Wahrheit von Seite meiner Ordensobrigkeit eine Ahndung zu, deren schmerzliche Erinnerung mich vollends zu allen Freuden dieses Lebens unbrauchbar macht.

J 3 Drit=

Dritter Brief.

P — im Jun. 17 —

Mein Freund,

Zwey Jahre war ich alles Lichtes, aller menschlichen Gesellschaft, aller meiner Bücher und aller meiner Freyheit beraubet. In einem Gefängnisse, wohin kein wohlthätiger Blick der Sonne kömmt, war ich, wie ein Verbrecher, angeschlossen. Vergebens schrie ich um Gerechtigkeit. Mein Gefängniß war tief, und meine Stimme konnte niemand hören, als der, der mich einst rechtfertigen wird.

Welche fürchterliche Unruhen, welche stürmische Kämpfe folterten mein Gemüth! Ein Wunder des Himmels hat mich am Leben erhalten. So wurde kein Königsmörder gestraft; so wird man nimmermehr die Unmenschen bestrafen, welche ihre Brüder im Schlummer überfallen und ermorden.

Mein Verbrechen bestund darinn. Ich widersprach meinem Prior, da von einem
Dogma

Dogma die Rede war, dessen Ungereimtheit alle vernünftige Menschen, nur Mönche nicht, begreifen. Was war wohl natürlicher, als daß man mich sogleich für einen gefährlichen Mann hielt? Ich gerieth in eine scharfe Inquisition. Meine Zelle wurde durchsucht. Die Bücher, die sie bey mir fanden, bestärkten sie in ihrem Argwohne. Von dieser Stunde an sah ich dann nicht mehr das Tageslicht.

O, mein Freund! sehen sie nun, welche grausame Mißhandlungen sich die Wahrheitsliebe zuziehet. Es ist für die Ruhe eines Mönches immer besser, nichts von dem zu wissen, was der Neugierde eines weisen Mannes würdig ist, als sich um die wahre Aufklärung seines Verstandes, und um die Bildung eines Herzens zu besorgen. Sie verstehen mich, was ich hiemit sagen will. Die Zufriedenheit einiger Ordensglieder hat wahrlich ihren Grund in einer gewissen Unwissenheit. Denn ach! mich hat das Aufwachen meiner Vernunft um die Ruhe meines Herzens gebracht! — Leben Sie wohl! Ich bin Ihr

unglücklicher

P. Martin,

J 4   XVII.

XVII.

Die Nonne.

Schön, wie die kaum aufgebrochne Rose, und lieblich, wie das Blaue des Himmels, war Susanne. Wo sie athmete, verbreiteten sich süße Gerüche, und unter ihren Schritten wuchsen Blumen hervor. Sie gieng in der Unschuld ihres Herzens die frohen Tage ihres Frühlings dahin. Freudige Gefühle begleiteten sie, und sittsamer Anstand machte sie zur Zierde ihrer Gespielinnen.

Ein tugendhafter Jüngling war der Abgott ihres Herzens. Sie liebten sich mit zärtlicher Freundschaft. Die Liebe erhielt sie in Unschuld, und eröfnete ihr Herz der Tugend. Aber ein grausames Geschick riß beyde Liebende auf ewig von einander. Ihr Geliebter starb vor ihren Augen im Lenze seines Lebens.

Ach! wer kann die klägliche Melodie des Liedes singen, welches Susanne beym Tode ihres

ihres Geliebten sang! — Versenkt im Grabe ruht nun die Hofnung ihrer Freuden. Sie war untröstbar; die Gewalt des Schmerzens brach ihr Herz.

In einer unglücklichen Stunde, wo die Liebe ihr immer neue Thränen abnöthigte, faßte Susanne den Entschluß, den Rest ihrer Tage in den dunklen Mauren eines Klosters zu vollenden. Die Unglückliche! Mußte sie, um den Verlust ihrer gewünschten Freuden beweinen zu können, den Ort der Betrübnisse, den Ort des ewigen Grames betreten.

Ich war bey Susannens Einkleidung zugegen. Die Züge des Kummers, welche sich über ihr Antliz verbreiteten, machten auf mein Herz angenehme Eindrücke. Ich hatte meine Blicke unaufhörlich auf die bedaurungswürdige Nonne geheftet, und als die Ceremonien vorüber waren, konnte ich mich des Wunsches nicht enthalten, daß sie den Verlust ihres Geliebten mit weniger Empfindlichkeit betrauern möchte!

Ach, Susanne! du würdest die Liebe des Besten der Menschen verdienen; du würdest

J 5   einst

einst das Herz eines Mannes beglücket haben,
der sich eine tugendhafte und getreue Gattinn
wünschte. Nun wirst du in endlosem Grame
und Kummer die Tage deines Lebens verwei-
nen. Vielleicht wird noch Reue dich foltern.
Aber dann hat es ein Ende. Du hast von
den Freuden der Liebe einen ewigen Abschied
genommen. Du wirst die bleichen Gesichter
deiner Gespielinnen sehen. Ach, hättest du
sie vor deiner Einkleidung um die Ursache ihres Jammers gefraget. Sie würden dich um-
armet, und von einem Orte gewiesen haben,
wo Mißvergnügen, Reue und vergebene Begierden die Herzen unglücklicher Mädchen mit
endlosem Grame benagen.

XVIII.

Der unglückliche Bürger.
Eine wahre Geschichte.

Noch hat kein Schriftsteller durch Schilderung den Grad des Elendes erreichet, welches
dieser

dieser unglückliche Bürger duldete: Noch sind die Gemälde der Künstler nicht vollkommen; und vielleicht wird sich auch die feurigste Phantasie nie dahin geschwungen haben, wo der bedaurungswürdige Mann unter den Streichen des grausamsten Geschickes blutete.

O Menschheit! Menschheit! wie verfährt man mit deinen heiligen Rechten! Unwürdige schwelgen von den Gütern der unbilligen Fortuna. Unwürdige wälzen sich in Pflaumen, indessen Edlere ihr Lager auf harten Steinen aufschlagen. Warum ist man so träge, den Unglücklichen zu helfen? Warum schleicht die Justiz so langsam dahin, wenn es die Sache eines Armen betrift? Warum kann man durch die Menge der verlassensten, elendesten Geschöpfe, die mit kläglichen Gebehrden ihre dürren Hände der Gerechtigkeit und dem Mitleiden entgegen strecken, so gleichgültig, so freudig, mit so wenig menschlichem Gefühle zu den Gastmahlen, zu den Spielgesellschaften, zu den Promenaden und Assembleen fahren? O, was nützen uns unsre Andachten, unsre Wallfahrten, unsre Brüderschaften und Gebete, wenn wir die heiligsten Pflichten unsers Standes verletzen! wenn wir so grausam gegen unsre

unsre Mitmenschen, so unerbittlich gegen ihre Thränen, so gleichgültig gegen ihre Noth
sind!

Ich gieng an einem dieser heitern Som-
mertage vor die Stadt hinaus, meine einsamen Spaziergänge zu begrüßen. So in der
ruhigen Verfassung einer mit sich begnügten
Seele gieng ich durch die angenehmen Gefilde,
als ich ungefehr einer von etlichen Brettern
aufgeschlagenen Hütte mich näherte, welche
ich für die Wohnung eines Hüterhundes hielt.
Aber, wie schauderte mein ganzes Wesen zu-
sammen, als ich in selbigem einen meiner Ju-
gendfreunde ohne alle menschliche Hilfe mit
dem Tode ringen sah!

Schrecklicher Anblick! Der Arme hatte
keine Sprache mehr: sein Körper war mit
den elendesten Lumpen bedeckt. Ich eilte um
Hilfe, und brachte ihn in ein nahgelegenes
Haus. Hier kam er wieder zu Sinnen, und
es war eben die höchste Zeit, den Unglücklichen noch vor dem grausamsten Hungerstod
zu retten.

Ich hatte die Zeit, die ich von ihm seit
unsern Schuljahren entfernt war, weiter
nichts

nichts erfahren, als daß er nach dem Tode seines Vaters die bürgerliche Gerechtigkeit übernommen, und sich verheyrathet habe. Ich glaubte immer, daß er sich im besten Wohlstande befinden müßte. Und man kann sich aus dieser Ursache mein unerwartetes Schrecken vorstellen, das mich zur Zeit überfiel, als ich ihn in der Hundshütte so elend, so verlassen, als die Beute des schrecklichsten Hungers, liegend fand. Ich wagte es kaum, ihn um die Ursache seines Elendes zu fragen. So unerwartet, so erschütternd war mein Schrecken.

„Alles mein Unglück,„ fieng er an, nachdem ich in der Fassung war, ihn um die Quelle seines Unglücks zu befragen, „alles „mein Unglück kömmt daher; weil ich ein „Weib genommen —

Himmel! dachte ich, wie muß es den Mann schmerzen, die Quelle seines Unglückes da, wo man die Quelle des süßesten, des reinsten Vergnügens suchet, gefunden zu haben! Wie muß es ihn schmerzen, eben durch dasjenige, was die Stütze seiner häuslichen Glückseligkeit, seines bürgerlichen Wohlstandes seyn sollte,

follte, sich alles Glückes, aller Zufriedenheit,
alles seines Wohlstandes, seines Vermögens,
seiner Ehre beraubet zu sehen! —

„Alles mein Unglück, „ fuhr er fort,
und rang die Hände, „ kömmt daher, weil
„ich ein Weib genommen — Ich hatte, da
„mein Vater noch lebte, mich durch Uner-
„fahrenheit und Leidenschaft verleiten lassen,
„mit unsrer Dienstmagd meine Unschuld zu
„verlieren. Sie gebar einen Knaben, und
„mein Vater schickte mich in der Absicht, zu
„den kaiserlichen Soldaten gestossen zu wer-
„den, zu meinen Onkel nach Böhmen. Er
„gab mir einen Brief an ihn mit, worinn er
„ihn bat, seine Absicht ausführen zu helfen,
„und mich in eigner Person der Werbung in
„Eger auszuliefern.' Mein Onkel war schon
„wirklich auf dem Wege nach der Grenzfe-
„stung, um meinem Vater diesen unbilligen
„Dienst zu leisten. Allein wir erreichten den
„Ort nicht. Mein Onkel liebte mich zu sehr,
„als daß er mich als ein Opfer des beleidig-
„ten Vaters meinem Unglücke entgegen füh-
„ren könnte. Er gab mir den Brief meines
„Vaters, den ich noch bis diese Stunde als
„ein

„ein Zeugniß meiner Verfluchung herumtrage.
„Um meinem aufgebrachten Vater jedoch nicht
„mehr unter die Augen zu kommen, trat ich
„in meinem Vaterlande militärische Dien-
„ste an.

„Nach etlichen Jahren starb er. Ich
„kaufte meinen Abschied, und nahm als ein-
„ziger Erbe von dem Vermögen und Gewer-
„be meines Vaters Besitz. Sehr vermögli-
„che Bürgerstöchter wurden mir zur Heyrath
„vorgeschlagen. Allein ich glaubte, als ein
„ehrlicher Mann verbunden zu seyn, derie-
„nigen, die ich um ihre Ehre brachte, mei-
„ne Hand zu geben.

„Wir heyrätheten. Freylich kann ich
„mich nicht rühmen, viele ökonomische Kennt-
„nisse besessen zu haben. Ich war noch sehr
„jung. Hier und da giengen Fehler vor.
„Mein Gewerbe gieng nicht mehr so lebhaft,
„wie unter den Händen meines Vaters. In-
„dessen hätten alle Fehler durch eine tugend-
„hafte und getreue Gattinn unschädlich wer-
„den können. Ich liebte meine Frau, und
„was hätte, wenn auch sie mich geliebt hätte,
„nicht aus mir werden können!

„Aber

„Aber ich weis nicht, welch eine Höllen-
„furie den Geist der Zwietracht über uns bließ.
„Ein Diener der Religion, ein Priester, ein
„grauer Mann schlug sich auf die Seite mei-
„nes Weibes, und gab ihr den teuflischen
„Vorschlag, mich durch ein heimlich abzeh-
„rendes Gift zu ermorden —

(Schreckliche Bosheit eines Mannes,
dessen Religion, dessen Priesterschaft, dessen
graues Haupt ehrwürdig seyn sollte!)

„Mein Weib befolgte diesen Vorschlag
„nicht. O, hätte sie ihn doch ausgeführt!
„Nun wäre ich am Ziele meiner Leiden. Aber
„ich war einem noch schrecklicherm Elende auf-
„behalten.

„Unsre häuslichen Umstände verschlim-
„merten sich täglich. Die Unbilden, die ich
„von meinem Weibe dulden mußte, sind un-
„beschreiblich. Aus Verdruß begab ich mich
„auf einige Tage zu meinem Anverwandten
„auf das Land. Ich glaubte, durch so eine
„Veränderung mein Gemüth beruhigen zu
„können. Aber es war vergebens. Ich
„hatte keine Ruhe mehr.

„Als

„Als ich wieder nach Hause kam, fand
„ich alles verschlossen. Mein Weib, hieß
„es, wäre samt allem, was wir in unserm
„Gewerbe und Vermögen noch übrig hatten,
„hinweggezogen; sie befände sich nun bey dem
„Diener der Religion; er hätte bey der Obrig-
„keit die schrecklichsten Verbrechen gegen mich
„beeidet; und ich hätte, um der Gefahr ei-
„ner unvermeidlichen lebenslänglichen Strafe
„zu entgehen, kein anders Mittel mehr, als
„die Flucht.

„Wie vom Blitz berühret, stund ich da,
„und konnte zu keiner Sprache kommen. Die
„Knie wollten mir brechen. Meine Sinnen
„verließen mich. Ich gieng den noch übrigen
„Tag in einer verzweiflungsvollen Unruhe von
„einer Straße in die andere. Mir war noch
„alles unbegreiflich. Ich hätte den Diener
„der Religion, wäre er mir begegnet, ohne
„Schonung seines grauen Hauptes ermordet.
„Meine Seele war in Aufruhr.

„Mein Unglück fieng nun an, schreckli-
„cher zu werden. Ich weis nicht, was mich
„immer abhielt, mein Recht bey der Obrig-
„keit zu suchen. Der Beispiele verlorner

K   „Pro-

„Proceſſe waren mir zu viele bekannt. Ich
„ſchämte mich auch zu betteln. Ohne Nah-
„rung, ohne Kleidung, ohne Wohnung
„irrte ich auf freyem Felde, gleich einem
„Wahnſinnigen, umher. Ich hatte Augen-
„blicke, in denen ich des Gebrauches meiner
„Zunge beraubt war, und wer mich um die
„Geſchichte meines Elendes befraget hätte,
„dem würde ich nichts erzählet haben. Mein
„Schmerz war nagend, und er fraß an mei-
„nem Herzen, wie ein hungriger Wurm.
„Oft ſtund ich nächtlicher Weile vor der Woh-
„nung meines Weibes. Schreckliche Vor-
„ſtellungen legten mein Herz auf die peinlich-
„ſte Folter. Das garſtige Bild des ſchänd-
„lichen Ehebrechers ſtellte ſich in rieſenmäßi-
„ger Geſtalt vor meine Augen. Ich muß
„es geſtehen, daß ich etlichemal die Treppe
„des Hauſes hinauf ſchliech, und mit einem
„greulichen Mordgewehr an der Thüre horch-
„te, und immer horchte, und den entſetzli-
„chen Entſchluß faßte, mein Mordgewehr
„in die Bruſt des Erſten, der mir in die Hän-
„de gerathen würde, zu verbergen. Wie oft
„wünſchte ich in dieſen Augenblicken die Ge-
„genwart des Altardieners. Wie heiß war
„meine

„meine Rache! Er verführte mein
„Weib —

„Indessen bändigte mein unbeschreibli-
„ches Elend auch meine Rachbegierde. Ich
„baute meinen Trost auf die Vorsicht des
„Himmels. Ich bereute meine Fehltritte,
„und hofte für dasjenige, was ich unver-
„schuldet leiden mußte, wenigstens die Be-
„lohnung eines einst bessern Lebens. Ich war
„nun gleichgültig, und duldete mit Gelassen-
„heit alles, was die Hand des Himmels über
„mich fügte.

„Um nicht Hungers zu sterben, suchte ich
„als Handlanger bey einem Bauer etwas zu
„verdienen. Sie können sich vorstellen, mein
„Freund! wie mir, der ich höhere Wissen-
„schaften studierte, der ich, besonders was
„die classische Lektüre betrift, wohl belesen
„war, der ich ein lebhaftes Genie mit einer
„aufgeklärten Denkungsart vereinigte, wie
„mir eine Arbeit dieser Art anstehen mußte.
„Aber ich war auch nicht einmal tauglich
„Steine und Kalk zu einem Gebäude zusam-
„men zu tragen. Ich zerquetschte meine Hän-
„de, und man jagte mich auch von der har-

K 2   „ten

„ten Arbeit hinweg, die ich doch so willig,
„mit so vieler Gelassenheit verrichtet hätte.„

„Was sollte ich nun anfangen, um mich
„ernähren zu können? Ich wäre freylich im
„Stande gewesen, die Jugend in nützlichen
„Wissenschaften und Kenntnissen zu unter-
„richten. Aber wie hätte ich es wagen dür-
„fen, mich in meinen elenden Lumpen, in
„meiner erbärmlichen Gestalt den Eltern zu
„zeigen! Nun war ich wieder in eine schreck-
„liche Muthlosigkeit versunken. Ich fürch-
„tete den Anblick der Menschen, die mich in
„ihrer Mitte vor Hunger sterben sahen, oh-
„ne sich meiner zu erbarmen. Ich kam nie
„vor die Thüre eines Reichen, und wenn
„ein großer Herr auf der Straße, auf wel-
„cher ich entkräftet lag, daher fuhr, dem
„streckte ich meine Hände nicht entgegen.

„In dieser Zeit machte ich die betrübte
„Bemerkung, daß man über den Anblick der
„Unglücklichen nicht mehr beweget werde.
„Ach! ich sah so viele fröhliche Gesichter,
„und keines fragte, warum das meinige so
„kummervoll, so abgezehrt sey. Ach! dann
eilte

„eilte ich aus den Gesellschaften der Fröhli-
„chen, und suchte Trost und Hilfe zwischen
„leblosen Bäumen und Stauden. Meine
„Thränen fielen auf die Steine, und sie
„glühten; und vor meinen Klagen wichen
„die felsigten Gebürge.„

„Die Hütte, in der sie mich fanden, ist
„die Wohnung eines Hundes. Das gut-
„willige Thier ließ mich hier ruhen. Ein
„Wunder ist es, daß der Eigenthümer dieser
„Hütte, der ein Mensch ist, noch nicht hier-
„her kam. Er würde mir auch diese Ruhe
„nicht gegönnet, und mit harten Worten oder
„Streichen mich weggejaget haben. So
„habe ich die Grausamkeit der Menschen ken-
„nen, und mein unbeschreibliches Elend mit
„Gelassenheit dulten gelernet. Jetzt würde
„ich, wären sie nicht mein Retter, schon die
„Beute des schrecklichsten Hungers seyn.„

„Ach! alles mein Unglück kam daher,
„weil ich ein Weib genommen. — „

So endete der unglückliche Bürger seine
Geschichte, und als er die letzten Worte sprach,

ließ

ließ er sein Haupt sinken, und saß unbeweg-
lich in einer stummen Betäubung.

Nachdem sich seine Kräfte etwas erholet
hatten, führte ich ihn mit mir in die Stadt,
und geraden Weges zu den Mann hin, der
der Freund der Unglücklichen, ihr Tröster,
ihr Erretter ist. Mit unaussprechlichem Theil-
nehmen hörte er die Geschichte des armen
Bürgers. Sie erschütterte sein menschen-
freundliches Herz, und er war auf der Stelle gefaßt, dem Bedaurungswürdigen durch
Justizwege Recht zu verschaffen. Er besor-
get zur Zeit dessen Unterhalt, und arbeitet
mit der Redlichkeit eines gerechten Mannes,
und mit dem Eifer eines empfindsamen Menschenfreundes an dem Proceße des Unglücklichen.

Welche Ehrensäule verdienst du, edler
Menschenfreund! O! die Unglücklichen,
die von deiner Wohlthat so oft getröstet wurden, weinen deinem Andenken in jeder Stunde ihres Lebens die wärmsten Thränen der
Dankbarkeit. Welche Belohnung ist größer,
als der Beyfall, den die Tugend deinen edlen
Handlungen ertheilet! — O! möchtest du
auch

auch für diesen armen Bürger Gerechtigkeit finden! Möchteſt du seinem Elende ein Ende machen können! Er verdient das Erbarmen seiner Mitbrüder. Nur Wenige waren so elend, so verlaſſen, als er. O, liebenswür= diger Mann! möchteſt du getrennte Herzen wieder vereinigen, möchteſt du die Quelle ſei= ner Schmerzen zur Quelle seiner Freuden nun machen können? Engel würden dir Psalmen und Loblieder singen.

XIX.

Die Dorfgemeinde.

In groſſen Städten, wo die Armuth der Dürftigen durch die Pracht der Groſſen ver= dunkelt, und das Jammern der Betrübten durch das Geschrey der Fröhlichen bethöret wird, kann man sich von dem, was oft man= che Dorfgemeinden leiden, keine Begriffe ma= chen. Es ist ein schaudervoller Anblick, die

armen

armen Landleute bey ihrem unermüdeten Fleiß
se, bey ihrer äusserst strengen Arbeit in einer
unbeschreiblichen Armuth zu sehen, und man
kann sich in solchen Augenblicken der harten
Klagen gegen Despotismus nicht erwehren.
Gleichwol kann nur selten der Landesregent
dessen beschuldiget werden. Die Tyrannen
des Landvolks sind die Knechte der Justiz.

Die Dorfgemeinde zu — befindet sich
seit einigen Jahren in einer unbeschreiblichen
Armuth. Ganze Familien sind an den Bet-
telstab gebracht. Die Väter arbeiten Lohn-
dienste, und die Mütter gehen mit ihren unschuldigen Kindern entblößt umher. Schon
mehrere Hütten sind eingestürzet, und man
sieht, so weit das Auge reicht, allenthalben
die traurigen Spuren des verwüstenden Elendes. Muthlos, und aller Kräfte beraubet,
schleichen die Bewohner dieses Dorfes, wie
elende Gerippe umher. Klägliche Gestalten
nöthigen dem empfindsamen Reisenden Thränen über die Beleidigungen der Menschheit
ab.

Und nicht ferne von diesem Dorfe schwelgt
der Beamte. Ein beleidigender Hochmuth
spricht

spricht aus seiner richterlichen Miene. Er hält
prächtige Gaſtmahle, und macht des Jahres zehnmal mit groſſem Aufwande Luſtreiſen.
Kein menſchliches Gefühl, keine Achtung für
die Rechte des gemeinen Mannes macht ihn
der menſchlichen Geſellſchaft ehrwürdig. Er
mißbraucht die Gewalt ſeines Amtes zu grau-
ſamen Bedrückungen derjenigen, deren Rechte er beſchützen ſollte. Er iſt unerbittlich gegen die Thränen der Nothleidenden, und der
Schmerz unglücklicher Familien bewegt ſein
Gemüth nicht mehr.

Armes Volk, das der Willkür dieſes
unmenſchlichen Barbaren preis gegeben iſt!
Wie ſehr werden deine Rechte verletzet! Du
wirſt von dieſem blutdürſtigen Tyrannen bis
zur Entkräftung ausgeſauget. Gleich dem
laſttragenden Viehe werden dir Bürden auf-
geleget, unter welchen du erliegen mußt. Der
Mann, deſſen Pflicht deinen Wohlſtand be-
wachen ſollte, befördert dein Elend. Du
biſt nun deinem Landesherrn zur Laſt. Er kann
von dir, der du völlig entkräftet biſt, keine
Vortheile mehr genießen. Der Ackerbau,
die Viehzucht, und alle die ökonomiſchen Be-

K 5   mü-

mühungen, welche dem Staate so vortheilhafte Dienste leisteten, sind nun zu Boden
geworfen. Wohlhabende, kräftige und gesunde Hände werden erfordert, um den ver-
wüsteten Boden wieder fruchtbar zu machen.

XXXXXXXXXXXXXXXXXXXXXXXXXXXXX

XX.

Der Practikant.

=

Der verabscheuungswürdige Beamte hatte
einen liebenswürdigen Practikanten, einen
jungen Mann, der auf der hohen Schule
neben der Coderwissenschaft auch practische
Philosophie studierte. Er hatte jene edlen
Eigenschaften vereiniget, welche einem Manne, der einst richterliche Geschäfte zu besorgen hat, zur Seite stehen sollten. Er machte sich von der Gerechtigkeit ganz andere Begriffe, als sein Herr Prinzipal. Er sah,
daß es ungerecht sey, über die nämlichen Fälle, die sich unter verschiedenen Umständen ereig-
nen,

nen, nach dem Ausspruche des Gesetzes zu entscheiden; und daß es keineswegs zum Nachtheil der Justiz gereiche, wenn man, wo es die Umstände fordern, mehr mit Güte, als mit Gewalt den Gehorsam der Unterthanen erzwinge — Der Charackter des jungen Practikanten war mehr zur Menschenliebe, zum Wohlthun, als zum Strafen geneigt. Er fühlte auch, daß der Uebermuth der Großen zur Empörung der Kleinen Anlaß gebe, und daß nichts tiefer und nachdrücklicher auf die Herzen der Niedern wirke, als die Achtung und Herablassung der Höhern gegen die Kleinern.

Mit solchen Gesinnungen fieng er die Geschäftsübungen der richterlichen Gewalt an. Er wurde von dem Beamten sehr streng gehalten, und durfte nie seine Gesinnungen äußern. Thränen tratten ihm oft in die Augen, wenn er bey Exekutionen zugegen war, welche das Unglück der Unterthanen nur immer mehr vergrößerten.

Indessen war er in der Stille doch immer der Freund der Unterdrückten. So oft er
sich

sich entfernen konnte, schlich er sich in die
Hütten der Unglücklichen, und wo das Elend
aufs Höchste gestiegen war, da gab er von
seinem Eigenthume, was er entbehren konnte,
zur Aufhülfe her. Auch unterrichtete er sie
in ihrem Verhalten. Er machte ihnen in der
Stille an gehörige Orte Memoriale, Bitt-
schriften ꝛc., und da endlich der Uebermuth des
Beamten gar alle Schranken einer Mässi-
gung durchbrach, gab ihnen der Practikant
den Vorschlag, sich unmittelbar an den Landesherrn selbst zu wenden. Er schickte sie mit
einem Schreiben an seinen Vater, der ein
Advokat war, und bat ihn in selbigem mit einer
Rührung, die seinem vortreflichen Herzen
Ehre macht, sich der Sache der Unglücklichen
nach allen Kräften anzunehmen. „Die Ar-
„men, schrieb er, verdienen das Mitleiden
„jedes Menschenfreundes. Es ist unglaub-
„lich, wie sehr sie seit einigen Jahren von
„meinem Prinzipal gedrückt wurden. Ich
„werde beynahe mit meinen Berufsgeschäften
„unzufrieden, da ich so viele schreckliche Bey-
„spiele der Beleidigungen menschlicher Rechte
„vor meinen Augen sehe — Ich erwarte von
„ihnen, theuerster Herr Vater! daß sie mir

„die-

„diesen Beweis ihrer väterlichen Liebe noch
„geben werden. Schildern sie unserm wohl-
„thätigen Landesregenten das Elend seiner
„bedrückten Unterthanen mit Farben, die auf
„sein Gemüth Eindruck machen. Decken sie
„ihre Blöße, ihre unbeschreibliche Armuth
„auf, und rufen sie die heiligsten Gesetze der
„Menschheit wider die grausamen Mißhand-
„lungen auf, denen die Unglücklichen seit ei-
„nigen Jahren unterworfen sind. Ich glau-
„be, daß ihrem Berufe keine einzige Handlung
„mehr Ehre machen könnte, als diese, und
„daß die Belohnung, die ihr Gewissen und
„die Dankbarkeit, die ich, und mit mir die
„Unglücklichen ihnen bezeigen werden, kostba-
„rer als die Einkünfte eines reichen Processes
„seyn werden. Ich hoffe, daß dasjenige,
„was ich ihrer Rechtschaffenheit und Men-
„schenliebe anvertraute, auch gerettet werde.

Sein Vater nahm sich auch der Unglücklichen mit dem rühmlichsten Eifer an, und
es kam endlich bey Hofe so weit, daß eine
Commission abgeschickt wurde, die Sache zu
untersuchen. Freylich bemühte sich der Beamte, die Commissarien auf seine Seite zu
brin-

bringen. Er sparte keine Kosten, sie theils
zu bestechen, theils durch Gastereien und Lustbarkeiten bey ihnen sich geltend zu machen. Er
schilderte auch seine Pflegkinder als halsstarrige
Leute, die, keiner Arbeit gewohnt, dem Müs-
siggang und dem liederlichen Leben nachhängen.
Allein seine Kunstgriffe, sich aus der mißlichen Lage zu ziehen, waren dießmal fruchtlos.
Man untersuchte seine Rechnungen, und entdeckte Betrügereyen. Diese Umstände wurden nach
Hofe berichtet, und gleich darauf folgte eine
schimpfliche Cassation des ungerechten und
unmenschlichen Beamten. Der Practikant,
dessen rühmliche Eigenschaften sich bey allen
Gelegenheiten zeigten, wurde für die erledigte
Stelle vorgeschlagen. Der Hof bestätigte auch
zum unaussprechlichen Vergnügen der armen
Unterthanen den Vorschlag.

Der cassirte Beamte hatte eine einzige
Tochter, die nun ohne ihr Verschulden die
Strafe ihres Vaters hätte empfinden müssen,
wenn ihr nicht der liebenswürdige Practikant
aus Großmuth seine Hand gebothen hätte.
Die Dankbarkeit, die sie ihrem Retter schuldig war, wurde bald von den zärtlichsten Re-
gun-

gungen der Liebe begleitet, und es ist überflüs-
sig zu sagen, wie glücklich, und zufrieden das
gute Paar die Tage des Lebens zu genießen
anfieng.

Aber wichtiger ist die Geschichte der Ver-
waltung seines Amtes. Er sah bey dessen An-
tritt öde Felder, verlassene Güter, äusserst
dürftige Unterthanen. Er fühlte die Pflichten
seines Berufes, und wußte, daß er zugegen
sey, sowohl die Vortheile seines Landesregenten, als das Wohl seiner ihm anvertrau-
ten Pflegekinder zu befördern. Zu dem Ende
versäumte er nichts, den Eifer und die Be-
strebsamkeit derselben wieder rege zu machen,
und verwendete sich, um den Entkräfteten
wieder aufzuhelfen, gerade an den Hof, der
ihm auch alles, was zum Besten der Unterthanen dienlich seyn würde, bewilligte. In
kurzer Zeit brachte es der menschliche Fleiß,
durch die Unterstützung der Obrigkeit aufge-
muntert, zu einer unglaublichen Höhe. Die
Vorsicht des Himmels segnete ihre Bemühungen, und sie sahen sich nach einigen fruchtbaren Jahren wieder in den Stand gesezt, dem
Staate ihre gewöhnlichen Abgaben entrichten
zu können.

Urt

Um dem Wohlstand eine Dauer zu geben nahm der neue Beamte zu einem Mittel seine Zuflucht, welches bisher vielleicht aus Unwissenheit unversucht blieb. Er war mit Ernst auf die Verbesserung seiner Dorfschule bedacht und brachte es durch die Beyhülfe seines rechtschaffenen Pfarrers dahin, daß ein geschickter Lehrer beruffen wurde, welcher der Landjugend die unentbehrlichsten Kenntnisse beybringen mußte. Besonders wurde auf die Bildung des moralischen Charakters in der Erziehung gesehen, und man gab sich alle Mühe, die Landleute friedsam, mäßig, fleißig und gehorsam zu machen.

Hierinn bestund auch der größte Theil seiner Amtsverwaltung. Er wollte nicht zugegen seyn, um nur die Steuern und Abgaben einnehmen, und strafen zu können, er wollte auch durch wohlthätige Einrichtungen, durch Aufmunterung des ökonomischen Fleißes, durch Verbreitung nützlicher Kenntnisse sich in den Herzen seiner Pflegekinder dauerhafte Denkmale errichten.

Und in der That! Er wurde auch allgemein geliebet. Die ganze Gemeinde sah ihn als

als ihren Vater, als ihren Wohlthäter an.
Sie fürchteten ihn aus Liebe, und ob sie gleich
wußten, daß er sie weder mit Geld, noch
Schlägen bestraffen würde, so zitterten sie
doch, wenn sie wegen einem Fehler vor ihm
erscheinen mußten.

Wie viele Familien hat dieser edle Menschenfreund gerettet! Wie sehr verdient er
den Beyfall des Gerechten, und den Ruhm
des Tugendhaften! Sein Leben war ein be-
ständiges Bestreben für das Wohl der Menschheit. Er erfüllte die Pflichten seines Berufes
mit dem ruhmwürdigsten Eifer und ob seine
Gerechtigkeit gleich mehr mit Güte, als mit
Strenge verbunden war: so hat er doch mehr
Gutes befördert, und mehr Böses verhindert,
als alle seine Vorgänger, die oft ganze Ver-
hörtage nichts zu thun hatten, als die armen
Leute auf den Pranger zu stellen, und ohne
Erbarmen schlagen zu lassen.

XXI.

Der Richter.

Herr von Hartenfels kaufte sich durch Gunst
und Geld eine ansehnliche Stelle im Stadtge-
richt. Er war ein Mann, der keine Wissenschaft, keine menschlichen Gesinnungen hatte.
Er vollendete den Lauf seiner juristischen Stu-
dien in der Kindheit seines Lebens. Unaufge-
klärt, und was das ärgste war, von gar keinem edlen Eifer, die Pflichten der Menschheit
zu erfüllen, beseelet, kam er von seiner Akade-
mie zurück. Worinn er die größten Kenntnisse hatte, das war die Kunst, mit frohem
Muthwillen jugendliche Streiche auszuführen.
Eine zügellose Lebensart war ihm angewöhnt.
Niemand konnte die Arbeit mehr hassen, als
der junge Herr v. Hartenfels. Herumzuschwär-
men, mit müßigem Gesindel die verdächtigen
Winkel der Unzucht durchzuschleichen, mit
Windbeuteleien die bescheidnen Menschen zu
ärgern,

ärgern, und an allen Orten die Spuren seines Leichtsinnes zurück zu lassen, dieß war seine einzige Beschäftigung. Nie hat ein gutes
Buch seinem Verstande Licht, und seinem Herzen Wärme mitgetheilet. Er selbst war so
wenig aufgelegt, in sich einige Blicke zu wer-
fen, daß er es vielmehr für sein größtes Glück
hielt, in einer gänzlichen Gedankenlosigkeit die
Zeit seines Lebens zuzubringen.

Nun hatte Herr v. Hartenfels richterliche
Geschäfte auf sich. Sein Beruf war, die
Unschuldigen in Schutz zu nehmen, und die
Schuldigen zu straffen. Die Trostlosen such-
ten bey ihm Trost, und die Unglücklichen Rettung. Aber gerechter Himmel! wie könntest
du einem Manne, der so wenig Ehrfurcht
gegen die heiligen Rechte der Menschheit, so
wenig menschliches Gefühl hatte, die Sache
der Unglücklichen anvertrauen! —

Wenn ihm eine Sache vorgetragen wur-
de, die auf der Stelle entschieden werden sollte, so gerieth er aus Mangel der Einsichten
allemal in eine grosse Verlegenheit, aus welcher er sich nie anders zu retten wußte, als

die Parteyen mit Poltern und Schreyen aus
seinem Hause, oder aus der Amtsstube zu
jagen. Kam eine junge Frau, oder ein schönes Mädchen, ihm ihre Beschwerden vorzu-
tragen; so sprach er nicht über die Beschwer-
de, sondern er nöthigte sie neben seinem So-
pha Platz zu nehmen, und ihm zu erlauben,
daß er der artigen Frau, oder dem artigen
Mädchen die Hände küßen dürfte. Ja es
ereignete sich nicht selten der Fall, daß der
Herr Richter in solchen Gelegenheiten sich desjenigen selbst schuldig machte, wegen welchem
die Frauen und Mädchen gekommen waren,
sich zu verantworten.

Alte und arme Leute ließ er selten vor.
Wenn gleich mit einem einzigen Wort, bloß
mit Unterschreibung seines Namens einer dürftigen Familie wäre geholfen gewesen: so konnte er doch nicht bewogen werden, eher von seiner Tafel aufzustehen, eine Promenade,
oder eine Lustreise zu verschieben, oder auf etliche Augenblicke sich vom Spieltische zu entfernen. Ach! viele trostlose giengen ohne
Trost; viele Unglückliche ohne Rettung von
ihm zurücke. —

Indeß

Indeß lebte Herr v. Hartenfels doch immer guten Muthes. Er trank köstlichen Wein, und wenn er seiner Gattinn satt war: so ließ er sich von andern Frauenzimmer die Zeit verkürzen. Er war nebendem sehr andächtig. Alle Tage wohnte er der heiligen Messe bey, und er gab den Predigern, welche immer von gefährlicher Aufklärung der Philosophie lärmten, den lautesten Beyfall. Seine gewöhnlichen Tischgespräche bejammerten den Muthwillen der Freydenker, und er war ein erklärter Feind der Schriftsteller seines Vaterlandes, vermuthlich aus der Ursache, weil er selbst nicht im Stande war, einen schriftlichen Aufsatz, in welchem Ordnung und Richtigkeit seyn sollte, zu verfertigen.

Ueberhaupts war Herr v. Hartenfels die Geißel der menschlichen Gesellschaft: Was er dem Wohl der Menschen schadete, ist unglaubbar. Seine Trägheit, seine Unwissenheit, und vorzüglich sein böses Herz verleitete ihn zu den grausamsten Ungerechtigkeiten. Niemand durfte ihm sein Eigenthum anvertrauen. Er hatte ungeachtet seiner heuchlerischen Religionsgrundsätze doch keine Ehrfurcht

L 3   gegen

gegen die Stimme des Gewissens. Auch wurde er in dem Beichtstuhl allemal von seinen Sünden losgesprochen.

O, möchte kein Richter dem Herrn v. Hattenfels gleichen! Möchte er der einzige Bösewicht seiner Art seyn! — Ihr, die ihr eben die Bahn zu richterlichen Geschäften betrettet, lernet die Rechte der Menschheit hochschätzen. Nicht nur das Wort, welches in eurem Gesetzformulare stehet, auch euer Herz, euer Verstand muß über richterliche Vorfälle entscheiden. Es ist nicht genug, die Gesetze buchstäblich zu wissen. Auch Philosophie, und Moral muß eure Denkungsart leiten. Es ist unbeschreiblich viel daran gelegen, mit den Rechtswissenschaften auch einen aufgeklärten Verstand, und ein gebildetes Herz zu vereinigen. Der Richter darf sich nicht schämen, auch Philosoph, auch Menschenfreund zu seyn. Die Kenntniß des menschlichen Herzens ist unentbehrlich, wenn man über die Tugenden und Laster seiner Mitbürger urtheilen will. Sehr selten werden die Gesetze aus Bosheit, und sehr oft aus Schwachheit, aus Irrthum, aus Verführung übertretten.

„Seyd

„Seyd gerecht, wir bitten euch, und „verachtet die Götter nicht! „„* so ruffen die verdammten Richter mit fürchterlicher Stimme denen zu, die noch die Wege des Fleisches wandeln.

XXII.

Rosenheim und Mariane,
in Briefen.

Rosenheim an Mariane.

M. — im May. 17 —

Liebenswürdige, einzige Freeundinn meiner Jugend!

Welche schreckliche Leiden hat die Hand des Himmels über mein Haupt gesenket! So eben dem Gefängnisse entflohen wage ich es,

§ 4   mit

---

* Discite justitiam moniti, nec non temnere Divos —
Virgil. in Aeneide.

mit zitternder Hand dir die Geschichte meines Unglückes zu erzählen. Ach! Mariane! die fröhlichen Tage unsrer Jugend, wo wir in seligem
Frieden die Freuden der unschuldigsten und
zärtlichsten Liebe genoßen, glichen einem Traume, der uns nur, so lange wir schlummern,
entzückt. Entflohen sind die Bilder der Freude; die Stunden unsres Entzückens sind vorüber. Traure nicht, Freundinn! Die Wege
des Unendlichen sind gerecht, und wer weiß,
ob wir nicht durch die Prüfung des Unglücks
zum Besitze eines dauerhaften und ewigen
Gutes gelangen.

Du weißt, daß mich mein Vater unvermuthet deinen Armen entriß. O! hätte ich
in diesem Augenblicke mein Leben bey dir zu-
rückgelassen! Wie beneidenswerth wäre mein
Glück! Ich würde nun von dir vielleicht ewig
beweint meine Wohnung im Grabe haben.

Bey dem Eintritte in mein väterliches
Haus vernahm ich in dem großen beleuchte-
ten Saal einen freudigen Tumult. Ich be-
stieg kaum die Treppe dahin, als schon meine
ganze Familie mit ofnen Armen mir entgegen
eilte. Die Glückswünschungen, die Ehren-
bezeu-

bezeugungen, mit denen ich vor allen Seiten
überhäuft wurde, versetzten mich in großes
Erstaunen. Mir war noch alles ein unerklär-
bares Räthsel.

Neben meinen Eltern und Brüdern und On-
keln waren auch noch die Baronesse von Stein-
heim, der Graf von Burg, und ein junges, mir
unbekanntes Frauenzimmer zugegen. Ich
machte gewiß eine alberne Figur; denn die
Ehrfurcht, und das Stillschweigen, das in
meiner Gegenwart plötzlich herrschte, machte
seltsame Eindrücke auf mein Herz.

Aber, lieber Gott! was mußte ich hören!
Die Gesellschaft war zugegen, mein Hochzeitfest
zu feyern. Mein Vater führte mir das unbekannte Frauenzimmer vor, und sagte mit
entzückter Freude: „Ich habe dir hier eine
„Braut gewählet: nimm sie aus der Hand
„deines Vaters, und werde glücklich! —„

Der Boden sank unter mir, und die be-
leuchtende Wände entwichen meinen Augen.
Mein Blut trat in den Adern zurück, und
die Farbe meines Gesichts verwechselten sich in
eine leichenähnliche Bleiche.

L 5   „Ich

„Ich habe dir, hub mein Vater wieder
„an, eine ansehnliche Charge gekauft. Du
„kannst mein Landgut beziehen, und deine
„Braut bringt dir zur Morgengabe zwey
„hundert tausend Thaler mit. Nun ich will,
„daß du noch heute getrauet werdest.„

Ich zitterte.

„Vermuthlich, fuhr er fort, hat dich
„dieses unerwartete Glück in so ein Schre-
„cken versetzet. Erhole dich, mein Sohn!
„und begünstige den Willen deines Vaters.„

„Erlauben sie mir nur eine kleine Ent-
„fernung, mein Vater! Mich hat dieß un-
„verhofte Geschick aus aller Fassung gebracht,
„sagte ich, und grief nach der Thüre.„

Mein Vater gieng mir nicht von der Seite. Er begleitete mich in ein anders Zimmer.
Hier setzte ich mich. Dein Bild hieng an meinem Herzen, und ein Thränenstrom brach aus
meinen Augen.

„Seltsam, fieng er wieder an, seltsam!
Du scheinst mit deinem Glücke nicht zufrieden
zu seyn. Ich hoffe wohl nicht, daß du meine
Wahl mißbilligen werdest?„

„Nicht

„Nicht mißbilligen, theurer Vater!
Aber, wenn sie mich je für ihr Kind erkennen;
wenn sie je mein Glück, meine Zufriedenheit,
meine Ruhe wünschen; wenn Sie wollen,
daß ich einst frohe Tage genießen, ein guter
Bürger, ein treuer Gatte, und ein zärtlicher
Vater werden sollte; wenn es nicht ihr Wille
ist, daß ich nicht bis an das Ende meines Lebens mit Reue und Vorwürfen gequälet werde, daß ich den Verlust dessen, was ich zur
Vollendung meines Glückes wünschte, lebens-
länglich beweine, daß ich mit dem, was mir
ohne meine Wahl bestimmt wurde, unzufrieden und anstatt das Glück einer liebenswürdigen Person zu befestigen, selbes durch den
Mangel an Zärtlichkeit und Freundschaft zerstören sollte; wenn sie mich, wenn sie das unbekannte Frauenzimmer lieben, welches mir
ihre Güte zur Braut bestimmte: so bitte ich
sie, Vater! durch meine große kindliche Liebe
bitte ich sie, mir meine Einwilligung zu dieser
Wahl nicht abzuzwingen —„

„Daß dich der Henker, verfluchtes
Kind! — Mehr konnte ich nicht hören. Ich
fühlte, daß er mit seinen Füßen gegen mich
stieß,

stieß, und als ich aus meiner Betäubung erwachte: war er nicht mehr zugegen. Die
Thüre war von auſſen verschloſſen, und ich
konnte aus meinem Gefängniſſe nicht entweichen.,,

Ach, Mariane! wie schrecklich war meine Lage! Ich empfand die unselige Macht
einer Leidenschaft, die meine Seele zu Boden
drückte. Ich war von Unruhe und Angſt ge-
foltert. Bald bereute ich den Augenblick, in
welchem ich dich erblickte. Bald machte mir
auch mein Herz über diese Treulosigkeit bittere
Vorwürfe. Ach! ich konnte dich nicht ver-
geſſen! Ich konnte nicht treulos gegen dich
werden! Du warst vom Aufgange der Sonne bis zum Untergang, und so lange der Sy-
reus in seiner Sphäre glänzte, das Bild,
das vor meinen Augen schwebte, und der Gegenstand, mit dem sich mein Herz beschäftigte.
Meine Thränen fielen, wie Glut, auf den
Erdboden, und mein Haupt war heiß, wie
ein Vulkan.

Nach dreyen Tagen kam mein Vater wieder in mein Gefänguiß. Er bedrohte mir
Schande, und seinen ewigen Fluch, wenn ich
mich

mich noch weigern sollte, seinen Willen zu voll-
ziehen. Ich bat ihn, mir allen Antheil an
einer künftigen Erbschaft zu entziehen, und
mir meine Freyheit zu schenken.

„Sollte ich den Nickel kennen, der dich
so bezaubert, ich würde ihm heute noch den
Hals umdrehen. Du sollst ihn auch nicht
mehr zu Gesicht bekommen; das schwöre ich
dir bey Gott und allen Heiligen — Und wenn
du bis Morgen meinen Willen nicht vollziehest:
so lasse ich dich auf der Stelle in die Festung
zum Schanzbau liefern.

Diese harten Worte hätten die Bande der
Liebe zerreissen können, die doch die Natur so
fest, so dauerhaft webte. Meine Mutter,
meine Brüder baten mich auf den Knien, die
Rache eines beleidigten Vaters nicht zu reizen.
Ach! ich konnte ihre Thränen nicht sehen.
Ich versprach, am Morgen den Willen mei-
nes Vaters zu thun.

In dieser schrecklichen Nacht nahm ich
durch das Fenster meine Flucht. Ich dachte
an keine Gefahr, und vielleicht hat mich auch
der Muth, mit welchem ich diesen gefährlichen Sprung wagte, von selber errettet.

Ich

Ich eilte unter Furcht und Angst aus dem Bezirke der Stadt, und kam nun, da es bereits Tage ist, in der Hütte an, in welcher ich dir diesen Brief schriebe. Noch weis ich nicht, wo ich mich hinwenden soll. Ich erwarte deinen Rath, meine liebe Freundinn! und hoffe, du wirst den Boten, den ich mit diesem Brief abschicke, nicht leer abgehen lassen. Ich zittere, so oft ich in der Nähe ein Geräusche höre. Der Zorn meines Vaters stellt sich immer lebhaft vor meine Augen. O! wenn nur du vor seiner Rache sicher wärest. Aus mir mag da werden, was da will.

Lebe wohl, meine Geliebte! Ich bin unaufhörlich dein

Rosenheim.

Mariane an Rosenheim.

H. — im May 17 —

Mein unglücklicher, theurer Freund!

Das Schrecken, in welches mich dein Brief setzte, kann ich mit Worten nicht ausdrücken.

drücken. Noch zittert meine Hand, und
meine Sinne sind verwirret. O, ich Unglückliche, warum mußte ich die Ursache deines
Unglückes werden! Warum mußte ich einem
Frauenzimmer, welches deiner Liebe würdiger ist, als ich, den Genuß derselben rauben!

Du hättest von mir keine Vorwürfe befürchten dürfen, mein Theurer! wenn du in die
Wahl deines Vaters gewilliget hättest. Ach! ich
würde dadurch nur die Hoffnung meines Glük-
kes, die Freude meines Lebens verloren haben.
Ich würde stillschweigend von der Hand des
ewigen Beherrschers unsrer Schicksale die Leiden einer unglücklichen, fruchtlosen Liebe genommen haben. Ach! die Rosen, die ich
sonst in den fröhlichen Tagen meiner Jugend
auf mein Haupt pflanzte, würde ich herabge-
kommen, und sie der ewigen Verwesung überlassen haben. Einsam, ohne Trost, hätte
ich dann die Gefilde dieses traurigen Lebens
durchwandelt. Meine Thränen wären nie
getrocknet, und mein Schmerz wäre unheilbar
geworden. —

Und

Und doch würde ich dir Glück gewunschen, doch würde ich mich gefreuet haben, dich in den Armen einer liebenswürdigen Gattin glücklich zu wissen. Ich würde in der Ferne eurem beneidenswürdigen Glücke zugesehen, und die Schritte, die ihr in der Freude eures Lebens mit Zärtlichkeit und Liebe betretten hättet, würde ich mit meinen Thränen benetzet haben. O! ungesehen von dir, und vielleicht auch vergessen würde ich in einem schmerzlichen Andenken des Vergangenen dem Verlust meiner Hofnungen beweinet haben.

Ach! Rosenheim! warum mußtest du, um deiner unglücklichen Mariane die schmerzliche Freude, die sie über deine Verbindung mit dem unbekannten Frauenzimmer gefühlt hätte, zu rauben, dich selbst in ein so gefährliches, so schreckliches Unglück stürzen! Ich sollte dir rathen. O! ich kann dir keinen bessern Rath geben, als diesen. Kehre wieder in das Haus deines gekränkten Vaters zurücke, um aus seiner Hand dein dir bestimmtes Glück mit Dankbarkeit zu empfangen. Heitere wieder das Antlitz deiner um dich besorgten Eltern auf, und fürchte den Fluch, den dir dein Vater

ter wünschen wird, so lange du dich gegen seinen Willen sträubest. Ach! das arme, ge-
kränkte, zurückgesetzte Mädchen, das mit so
innigem Entzücken die Freuden eines beglückten
Lebens hofte, wird sich nun auch über dich betrüben; und wenn sie dich auch so, wie ich,
liebet, wer kann da ihren Schmerzen mit
Worten ausdrücken? — Kehre zurück, Ro-
senhelm! Freund! kehre zurück, um deiner
Familie wieder die Ruhe, und dem armen
Mädchen wieder ihr Glück zu befestigen. — O!
vielleicht wird der Himmel mit deinem Verfahren nicht zufrieden seyn. Vielleicht könnte
uns Beyde seine empfindliche Züchtigung tref-
fen. Denke, mein Freund! was aus dir werden sollte, wenn du so ungewiß umher irrest.
Gefahren, Armuth und Blöße werden dich
verfolgen. Reue wird dich foltern, und du
wirst an meiner Seite, in meinen Armen kein
Entzücken, keine Wollust mehr empfinden.

Sollte dir mein Vorschlag mißfallen:
dann weis ich nichts zu deinem Glücke beyzu-
tragen. Auf alle Fälle kannst du das Wenige, was dem Briefe beygeschlossen ist, benützen. Ich hoffe bald fröhlichere Nachrichten
M von

von dir zu hören, besonders eine Nachricht,
die ich zugleich fürchte und wünsche, die Nach‑
richt nämlich, daß du der Gatte des unbe‑
kannten Frauenzimmers seyest.

Alles Glück wünscht Dir Deine

Mariane.

Rosenheim an Mariane.

A. — im Jun. 17 —

Meine liebe, unvergeßliche Mariane!

Dein edelmüthiger Brief bestärkte mich in
dem Vorhaben, den Schritt, den ich aus
meines Vaters Hause gethan habe, nie zu be‑
reuen. Deine Uneigennützigkeit, deine tu‑
gendhaften Gesinnungen rühren mich. Ich
empfinde, daß die Tugend der wahre Adel
des Herzens, Reichthum und Geburt nur
blendende Geschenke seyen, die der parteyische
Zufall seinen Günstlingen zuwirft. Was
nützten mich zweyhundert tausend Thaler, und
die ansehnliche Charge, wenn ich die Zufrie‑
denheit meines Gemüthes vermißte!

Die

Die Zeit, die ich hier unbekannt unter
dem Landvolke lebe, lehret mich die goldene
Wahrheit, daß nicht goldgewirkte Tapeten,
ausländische Weine, schön geschminkte Frauen,
und viele Diener unser Leben beglücken. O!
die Natur ist mit Wenigem zufrieden, und es
ist gewiß, daß der erste Schritt zur Weisheit gethan ist, wenn man einmal dahin
kömmt, sich nichts zu wünschen, was nicht
die Natur auch dem Dürftigsten darbietet.

Ich gehe so manchmal an diesen schönen
Sommerabenden die verlaßnen Gegenden hin,
und heitere mein noch immer krankes Gemüth
mit dem reinen Genuß der ländlichen Natur
auf. Ich weis nicht, wie ich allemal so ru-
hig, so in mich entzückt werde, wenn ich in
die Höhen und Tiefen der Unendlichkeit mein
Auge erhebe. Alles schweiget rings um mich.
Nur die Natur singet in einer feyerlichen Harmonie das Lob der unendlichen Gottheit. Der
frohe Gesang der Lerche, das stille Gemurre
der Mücken, die im Abendroth ihren festli-
chen Tanz feyern, das angenehme Lispeln der
kühlen Lüfte, welche die Blätter der Bäume
in sanfte Bewegung setzen, und das süße Ge-

M 2   räusche

räusche der Quellen, die sich durch geblümte
Wiesen schlängeln; alles dieses macht auf
mein Gemüthe feyerliche und angenehme Eindrücke. Und wenn dann die Sonne vollends
hinter das Birkenwäldchen hinabgestiegen;
wenn die Dämmerung dunkler, und die Stille der Natur stiller wird; wenn sich nichts
mehr um mich regt, und alles, was im Lichte schwebte, aus meinen Augen verschwindet:
o, dann geht meine Seele hervor; dann
schäme ich mich der ungesehenen Thränen nicht,
die ich deinem Andenken, Mariane! weine.
Ich verweile in der Dunkelheit, und reiche
der Schwermuth meine Hand, die mich dann
so dahin führet in der Betrübniß meines Herzens, und mich mit süßen und frohen Träumen beschäftiget. O, diese Stunden sind
die glücklichen Stunden meines Lebens! Ich
empfinde den Werth der Weisheit, und die
Trostgründe der Tugend. Ich baue mein
Glück auf die Güte desjenigen, der mit so
vieler Weisheit, mit so vieler Wohlthätigkeit
die Unendlichkeit beherrschet. O, Mariane!
wir werden noch glücklich! Wir werden noch
immer von der Hand unsers wohlthätigen
Gottes geleitet. Vertrauen wir nur auf seine
Wege.

Wege. Er führet keines seiner Kinder ins
Verderben. Bete, Mariane! bete zum
Geber alles Guten. —

Ich mahle mir manchmal das Gemälde
eines glücklichen Lebens. Ich stelle mir vor,
wie glücklich wir nun wären, wenn wir in
genügsamer Ruhe, ohne unsre Begierden mit
eitlen Wünschen zu erfüllen, mit dem Wenigen, was die Wohlthat des Himmels und
unser Fleiß uns bescheret, zufrieden und still
dahin lebten. Ach! nicht in dem Ueberfluße
der Reichthümmer bestehet die Glückseligkeit
unsers Lebens; sonst müßten die Reichen die
beglücktesten Sterblichen seyn. Sie sind es
nicht, wenn ihnen Zufriedenheit und die
Ruhe eines tugendhaften Gewissens mangelt.
Ich fühle die Thorheit derjenigen, die, um
glücklich zu leben, an das Glück so große
Forderungen machen. Ich wünsche mir nichts,
als deine Liebe, und da ich deine edelmüthi-
gen Gesinnungen, deinen lebhaften Abscheu
gegen die Eitelkeit, und überhaupt deine großmüthige Seele kenne: so wird zu unserm
Glück nichts fehlen, als daß ich mich durch
meinen Fleiß um dasjenige bewerbe, was zu

M 3   den

den Bedürfnissen eines ordentlichen und genügsamen Lebens gehöret.

Sieh, meine Freundinn! wie willig ich
eine weise Armuth den zweyhundert tausend
Thalern des unbekannten Frauenzimmers vor-
ziehe. Ich hatte in meiner Jugend einen
Freund, der nun auf seinem Landgut im —
als ein reicher Edelmann lebt. Ich bin entschlossen, dahin zu reisen, und ihm die Lage
meines Geschickes zu entdecken. Ich habe von
seiner großmüthigen Freundschaft zu viele
Proben, als daß ich nicht mit aller Zuversicht
von ihm Unterstützung hoffen könnte. Vielleicht fällt unter der Zeit in meinem väterlichen Hause eine Aenderung vor; vielleicht
wird sich die Sache zu unserm Besten wenden.
Ich hoffe auf die Güte des Himmels, und
bin mit allem Troste

D e i n

Freund Rosenheim.

Maria=

Mariane an Rosenheim.

Mein Freund!

Welch ein vortrefliches Frauenzimmer ist das Mädchen, das dir zur Gattin bestimmt war! Noch warm von ihren Umarmungen berichte ich dir in aller Eile das, was heute zwischen uns vorfiel.

Denke, Rosenheim! heute in der Frühe kam ein Wagen vor meine Wohnung. Ein schönes Frauenzimmer stieg ab, und erkundigte sich, ob nicht hier Mariane Wallberg wohne. Als man ihr meine Wohnung zeigte, flog sie in meine Arme. Ich erschrack über diesen unverhoften Besuch, dessen Absicht mir ein Räthsel war.

„Sie sehen hier die Braut ihres Gelieb-
„ten, fieng sie an; verzeihen sie, daß ich
„ihnen bald ohne mein Verschulden die Hof-
„nung ihrer Glückes geraubet hätte. Ich
„komme, ihnen diese wieder zurück zu geben.
„Ich will das Glück der Edlen nicht zerstören.

M 4

„ren. Nehmen ſie ihr Eigenthum zurück.
„Sie verdienen glücklich zu werden, meine
„Freundinn!

Ich war unfähig, ihr durch Worte zu
danken. Meine Küße, meine Umarmungen
waren beredſamer, als alle Worte. O, mein
Freund! wie ſehr verdiente dieſe großmüthige
Seele deine Liebe! — Sie ſagte, daß ſie
entſchloſſen ſey, zu ihrem Bruder nach —
zu reiſen, dort würde ſie ihre Hand ſeinem
Freunde, der ſich ſchon etliche Jahre, bey ihm
befindet, anbieten ; ich ſollte dich von ihrer
Freundſchaft verſichern; ſie würde das Aner-
bieten deines Vaters nie angenommen haben,
wenn ſie gewußt hätte, daß du mit mir den
ewigen Bund der Freundſchaft und Liebe ge-
ſchloſſen habeſt; ſie wünſche uns Beyden
Glück. —

Als ſie wieder in den Wagen ſtieg, drückte ſie mir ein verſchloßenes Billet in die Hände, und wiederholte unter Thränen den
Wunſch, daß wir Beyde glücklich werden
möchten.

Wie erſchrack ich, als ich das Billet öfnete, und folgendes laß :

Meine

„Meine glücklichen Geliebte!„

„Euch, meine Lieben! vermache ich zum
„ewigen Andenken durch diesen Wechselbrief
„die Hälfte meines Vermögens. Ich weis
„davon keinen beßern Gebrauch zu machen.
„Ihr werdet euch dadurch wenigst vor der
„Rache des aufgebrachten Vaters in Sicher-
„heit zu bringen wissen. Werdet glücklich,
„und dann sind die Wünsche erfüllet, die ich
„täglich für euch zum unendlichen Erbarmer
„aller Geschöpfe beten werde. Denket auch
„an eure Freundinn

Julie Gräfinn v. Reinbach.

Hier siehst du nun die Großmuth einer
Braut, die deiner würdiger, als ich, gewesen wäre. Ihr mangelte kein Reiz der Schönheit, so wie sie auch mit dieser die edelmüthig-
sten und tugendhafteste Gesinnungen verein-
te. Möchte sie ewig der Segen des Himmels beglücken! Möchte ihr deine Stelle
durch eine eben so tugendhafte, so liebenswürdige Person ersetzet werden!

Die Denkungsart, die du in deinem letzten Briefe äußertest, hat mich entzückt, und
ich wünschte zur Vollendung unsers Glückes

M 5 nichts

nichts weiter, als daß du den Zorn deines
Vaters gegen uns wieder besänftigen möchteſt.
Ich bitte dich, dieſes zu thun. Kein Vater
iſt ſo unnatürlich grauſam, daß er ſich durch
die Reue eines Kindes nicht ſollte zur Ver-
ſöhnung bewegen laſſen. Berichte mir auch,
was ich in Anſehung des Wechſelbriefes zu
thun habe. Ich bin unaufhörlich die

Deinige.

Roſenheim, der nun im Ernſte um ſeine
Eltern beſorgt war, dachte auf verſchiedene
Mittel, die Liebe derſelben ſich wieder zu ge-
winnen. Endlich beſchloß er, ſich einem Manne anzuvertrauen, der den vertrauteſten Umgang mit ſeinem Vater hatte. Er bat ihn,
das Gemüth deſſelben durch Vorſtellungen und
Bitten dahin zu lenken, daß er durch den
Brief, den er ihm ſchreiben wollte, beweget
würde. Wirklich brachte es der Mann, der
des alten Roſenheims Gewiſſensrath war,
ſo weit, daß er bereitwillig die väterlichen
Arme ſeinem verlornen Sohne entgegen
ſtreckte. Roſenheim kam in der Geſellſchaft
ſeiner geliebten Mariane in dem Hauſe ſeines
Vaters an. Man feyerte ein fröhliches Feſt,
Ma-

Mariane erwarb sich durch ihr sittsames Betragen und durch ihre tugendhaften Gesinnungen die Liebe der Eltern. Man bewilligte die Wünsche ihres Herzens.

Wer war wohl zufriedner, und glücklicher, als Rosenheim und Mariane? Beyde für einander geschaffen theilten die Freude und den Kummer dieses Lebens unter sich. Ihre Blicke begegneten sich nie, ohne die innigste Zufriedenheit ihrer Gemüther auszudrücken. Eine immer warme Zärtlichkeit erhöhete den Grad der Liebe. Sie lebten in Liebe und Frieden bis an ihr Ende. Gesunde und vernünftige Kinder segneten ihr Alter. O, wer wünschte sich nicht, gleiche Freuden zu genießen! Wer wünschte sich nicht, ein Glied einer Familie zu seyn, welche in freundschaftlicher Eintracht und Liebe, unter Wohlthun und Arbeitsamkeit zum Besten der Menschen lebte!

XXIII.

Für Unglückliche.

Nun gebet mir eure Hände, Unglückliche! daß ich euch auf den Wegen eures Jammers begleite.

te. Troſt iſt es, von Menſchen nicht ganz ver¬
laſſen zu ſeyn, und man fühlet die Laſt des Elen¬
des nur halb beſchwerlich, wenn ein Freund an
unſrer Seite gehet.

So wollen wir denn dahin gehen, wo uns
die unerforſchlichen Winke des Schickſals un¬
ſer Ziel beſtimmt haben. Es mögen nun die
Pfade unſers Lebens noch ſo rauhe, noch ſo
unüberſteiglich ſeyn: ſo wollen wir doch unſern
Muth auf die Güte desjenigen bauen, der unſern
Augen unſichtbar, die Wege der Unglücklichen be¬
ſchauet, und die Leiden derſelben mit unaus¬
ſprechlichen Freuden belohnet.

Warum ſollen wir über unſern Zuſtand
troſtloſe Klagen vergebens zum Himmel ſchreien?
O! laßt uns die Freuden genießen, welche die
Weisheit in jedem Stande dem Tugendhaften
gewähret. Was ſoll unſern Geiſte beluſtigen?
Die koſtbaren Freuden der groſſen Welt vergnü¬
gen die Seele desjenigen nicht, der Zufriedenheit
ſuchet. Nicht unſre Armuth, nicht unſre nie¬
drige Geburt macht uns unglücklich. Die
Quelle unſter Schmerzen iſt das Mißvergnügen
mit unſrem Stande.

So laßet uns denn einmal mit dem, was
die Güte des Himmels uns beſcheret, zufrieden
ſeyn und unſre Wünſche mäßigen. Ach! die
Wünſche der Thoren ſind zahlreich, und wer
der

der Stimme der Weisheit folget, der wünscht
sich nichts, als Zufriedenheit.

Auch in einer Hütte, ferne vom Gerdusche
der Grossen, an der Seite einer zärtlichen, ge-
treuen Gattinn, würde ich das Ziel meiner Wünsche finden. Warum verschwendet man so vieles,
um ungeheure Begierden zu befriedigen? Ich
würde mit dem täglichen Aufwande eines Grossen den Aufwand vieler Jahre bestreiten, ohne
die Thoren zu beneiden, die von vierzig Gerichten
nicht ein einziges mit wahrer Wohllust verzehren.

Nicht die Zahl der Bedienten, nicht die
fetten Einkünfte grosser Bedienungen, nicht
die wohlbesetzten Tafeln, nicht die Bücklinge
der Clienten verschaffen unserm Gemüthe Zufriedenheit. O! die Quelle unsers Glückes ent-
springt aus dem weisen Gebrauche, den wir von
unserm Leben machen.

Hierinn besteht die Kunst, stets glücklich zu
seyn. Wer sich von den Zufällen dieses Lebens
beherrschen läßt, wird selten die Ruhe zufriedner Tage erleben. Es ist dieses die höchste Weisheit,
in sich selbst die Quelle seines Glückes zu suchen.

Leidenschaften, die nicht das Wohl der Menschheit zum Zwecke haben, zerstören die Ruhe unsrer Herzen, und wer sich von diesen beherrschen
läßt, dessen Glück dauert nur einige Augenblicke.

Ach, meine Freunde und Freundinnen!
Was

Was kann ich euch mehr zu eurem Troſte ſagen, als daß die Tugend ſtets unſer Herz mit Freude, und das Laſter mit folternder Angſt erfülle! Wenn auch alle Uebel über mich gehäuft werden, ſo will ich zu dieſer troſtvollen Wahrheit meine Zuflucht nehmen. Denn, der unſichtbar die Schickſale der Sterblichen leitet, läßt die Thränen der Unglücklichen nicht vergebens flieſſen — So will ich ſtets die Drangſalen dieſes Lebens mit Gelaſſenheit dulden, und wenn mir ein Freund mit kummervollem Herzen begegnet, dem will ich mein Lied ſingen.

Freund! klage nicht vergebens
Im Frühling deines Lebens.
   Sieh, liebreich führet die Natur
   Uns auf der weiſen Freude Spur.

Sie zierte ihr Gefilde
Mit Reitz und ſanfter Milde,
   Als ſie aus ihrem reinem Schoos
   Vergnügen über Menſchen goß.

Nicht lärmendes Vergnügen
Soll unſer Herz beſiegen,
   Denn ſtille Weisheit folget nur
   Den leiſen Schritten der Natur.

Drum klage nicht vergebens
Im Frühling deines Lebens;
   Sieh, liebreich führet die Natur
   Uns auf der weiſen Freude Spur.

Innhalt

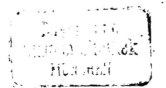

Innhalt.

		Seite
I.		
Die Familie.		13
II.		
Die eitle Frau.		38
III.		
Die Einsamkeit.		47
IV.		
Der Jüngling.		49
V.		
Juliens Geschichte.		55
VI.		
Der erwünschte Ausgang.		60
VII.		
Skizze aus der Geschichte meiner Jugend.		62
VIII.		
Die Gräber.		67
IX.		
Die Begräbniß.		70
X.		
Die Geschichte des Todten.		72
XI.		

Seite

XI.

Etwas von den Geheimnissen der Philosophie. 78

XII.

Fortsetzung der Geschichte des Todten. 84

XIII.

Ende dieser Geschichte. 101

XIV.

Nicht Adel und Reichthum entscheiden das Verdienst des Menschen. 104

XV.

Philipp und Marie, oder die glückliche Familie. 110

XVI.

Der unglückliche Mönch. 123

XVII.

Die Nonne. 136

XVIII.

Der unglückliche Bürger, eine wahre Geschichte. 138

XIX.

Die Dorfgemeinde. 151

XX.

Der Praktikant. 154

XXI.

Der Richter. 162

XXII.

Rosenheim und Mariane. 167

XXIII.

Für Unglückliche. 168

Seite

78

84

4